マンガで読む
大人も知らない「本当の友だち」のつくり方

＊＊＊＊＊＊＊

松本啓子＊親業訓練シニアインストラクター
上級教育カウンセラー
かなしろにゃんこ＊マンガ

講談社

第2章　「イヤ」と言いたいときの伝え方
――返事のわたしメッセージ――

第5章　意見対立！　うまく話し合うには
——勝負なし法——

装丁——小林はる代
装画——かなしろにゃんこ
本文レイアウト——笠原修一
ロゴマークデザイン——川上成夫

kokoro library

大人も知らない「本当の友だち」のつくり方

はじめに——この本を手にとってくれたあなたへ

あなたはいま何歳ですか？
どんな毎日を送っていますか？

中高生の頃は、毎日大変です。勉強に部活に、そして塾や習い事に、と忙しい日々でしょう。いろいろなことが悩みの種です。なかでも、あなたを悩ませるのが、友だちとのつきあい方なのではないでしょうか。

なかよくしたいと思って、できるだけ話しかけたら「うざい」と言われたり、距離を保とうとしたら「きどってる」と陰口を言われたり……。友だちとの関係づくりってほんとに難しいですね。

わたしは、11年前から親業訓練インストラクターとして、親子関係やまわりの人との関係を、もっと心が通うものにするにはどうしたらいいか、ということを伝える活動をしてきました。その一方で、わたしのふたりの子どもが中高生時代を迎えた6年前から、教育カウンセラーや高校の講師として、中高生たちを支援する活動を続けてきました。それは、わが子を通して、中高生がとても生きにくい情況であることを知り、少しでも彼らをサポートしたいと考えたからです。それらの活動のなかで出会ったのが、この本に登場する中高生たちです。

わたしが出会った中高生たちの大半が、「友だちづきあいでトラブルが起きるのは、自分か相手かのどちらかが何か悪いことをしたせいだ」と言いました。あなたもそう思いますか？

たしかにそういう場合もあります。でも、それだけではないのです。むしろ多くの場合が、相手と心を通わせる方法を知らなかったからなのです。

でも、友だちと心を通わせる方法なんてあるの？

そんな声が聞こえてきそうです。わたしが出会った子どもたちからも、たくさん投げかけられたことばです。そんなときのわたしの返事は、いつも「あるよ！　だから一緒にやってみない？」です。

この本では、友だちと心を通わせるために役立つコミュニケーションの方法を紹介します。これは、アメリカの社会学者、リンダ・アダムスが創った「自己実現のための人間関係講座」というプログラムで学ぶ方法で、日本では、親業訓練協会が提供しています。本来は、大人向けの内容なのですが、あなたにもすぐ使える方法がたくさんあります。

ことばによるコミュニケーションには、話す、聞く、読む、書くの４つの要素があります。本書では、「話す」と「聞く」ことについて、「こんなときどうしたらいいのだろう」と悩む中高生たちの実例を紹介しながら説明していきます。

「これならできそう」と思った方法から、試してみませんか。「わたしも同じようなことで困っている」と思ったら、実際に使ってみませんか。ほんの少しずつ、何かが変わるかもしれません。

あなたにとって、本書が、「かけがえのない存在」である自分を大切にし、同様に友だちを大切にする気持ちを、より大きく育てる助けになることを願っています。

二〇〇五年六月

松本啓子《まつもとけいこ》

序章

本当のことを言ったら
きらわれる？

貸したくないノートを貸して、と言われたら

マサミ
アキお願い
社会科のノート貸して!!
え…マサミやってないの?
アキ 中3
社会科のノート明日が提出日だよ
ここんとこ部活が忙しかったから授業中眠くてあんまりノートとってなくってさ
やばいよー社会科だけはやっとかないと
わたしの学校の社会科の先生はときどきノート提出の宿題を出します
では今日までの授業内容を新聞記事風に仕上げ木曜日に提出するように!!

げー
また新聞風かよ
あれ
めんどくさーい
けっこう時間かかるしさー
ブーブー
コラコラ
文句言うな
できなかった者は次の定期テストから減点するから心得てかかるように
テストの減点はさけたいから
ねっ
お願い
アキならいつもきちんとノートとってるじゃない
う…
うん…
あたしは少しずつ記事風にまとめてはいたんだけど
後で苦しみたくないからね
まだ完ペキじゃないし今日の夜もう少し付け加えてゆっくり完成させようと思ってたからなぁ…
明日の朝絶対返すからダメかな…？
そう言われても…
マサミとは席替えで隣同士になったばかりでまだそんなになかよくないし
ガタガタ
よろしくー

でも「貸せない」って言ったら…
えー アキって冷たい
いやな奴だと思われる
アキ やさしー
サンキュー
いい人って思われたいし…
ノートは完ペキじゃないけど明日の朝絶対返してくれるなら…
でも明日の朝返してもらえなかったら大変…やっぱり何もできてないからってウソついて断ろうかな
ねえ
どっちなの？
ごめんね…
え…
ホントに悪いんだけどまだできてないところがあって
あたしもノートがないとこまるんだ
ドキドキ
マサミおどろいてる
きらわれるかもしれない

あはは…
アキなら ちゃんと やってるハズって 思いこんでた
そっか 今回はまだ できてないのか
アキでも あるんだね そういうこと
じゃあユウちゃんに たのんでみる
ホント ごめんね
ううん… いいって いいって
じゃ お互い がんばろーね
うん!
わかって もらえた…
いままでは 自分の気持ちって 友だちに 話さなかったけど
イヤなときは ちゃんと伝えないと わかって もらえないよね…
これからは 少しずつ 話してみようかな…

本当のわたしをわかってもらうために

自分らしさをコミュニケーションで伝えよう

マサミから「ノートを貸して」と言われたとき、アキは迷いました。ノートを貸したくないと思ったのですが、その思いを正直に伝えたら、相手はどう思うだろうと不安だったのです。でも、アキは自分の思いを正直に伝えなければ、相手にはわかってもらえないと考えました。だから勇気を出して断りました。

もし、アキが正直に伝えなかったとしたら、どうなっていたでしょうか。「ノートを完成させたいから貸したくない」という思いは伝わらず、「イヤなのになぁ」と思いながら、しぶしぶノートを貸す結果になったかもしれません。

わたしたちは日頃、親、兄弟、友だち、クラスメート、先生など多くの人に囲まれて過ごしています。このような自分のまわりの人との関係のなかで、伝えなかったために「本当のわたし」がわかってもらえなくて、つらいと感じた経験を多くの人がもっています。

自分のまわりにいる人すべてに、自分のことを理解してもらうことは難しいかもしれません。でも、大切だと思う人には、本当の自分をわかってもらいたいですね。そして、自分も相手をよく理解するようになれば、お互いに信頼しあえる気持ちのいい人間関係を築くことができます。そういう人間関係のなかにいるとき、「自分らしく」生きていると感じることもできるはずです。

自分らしさをまわりの人に伝えよう

相手に自分を理解してもらうためには、「自分らしさ」を伝えなければなりません。「自分らしさ」をまわりの人に伝えることを自己表現と言います。自己表現にはいろいろなやり方があります。ファッション、音楽、詩や文章、絵画などさまざまです。そのなかでもいちばん他の人に伝わりやすいのは、コミュニケーション、つまり対話による表現です。

とは言っても、言い方が悪いために誤解されることがあります。うまく自分らしさを伝えられないこともあります。対話での表現にも工夫が必要です。そこで、本書では、コミュニケーションをスムーズにして上手に自己表現する方法を紹介していきます。

相手が自分のことを理解してくれないと嘆《なげ》いているばかりでは、何も状況は変わりません。まず、自分ができることから始めてみませんか？　相手に理解してもらえるように対話する方法を実践してみましょう。

相手の欲求にしたがう「ひっこみ型」

自己表現には3つのスタイルがあります。「ひっこみ型」「攻撃型」「率直型」の3つです。

16ページのアキは、ノートを貸してと頼まれて、迷った末、貸したくないという気持ちとその理由を正直に伝えました。この言い方が「率直型」です。これについては、後でくわしく説明します。

一方、「ひっこみ型」では次のようになります。

マサミ「ノート、貸して、お願い！」
アキ「え……」
マサミ「ぜったい明日の朝返すから。貸して！」
アキ「う、うん……わかった……」
マサミ「ありがとう。じゃあね、バイバイ」
アキ「あ……うん、バイバイ」
アキ『あ〜ぁ、貸しちゃった……今晩もう少しやりたかったのになぁ。だいたい、なんでマサミはあたしに頼むのよ！　自分でしっかりやればいいのにさ！　あ〜やだ、やだ』

どうでしょうか。ひょっとしたら、「わたしはいつもひっこみ型だ」という人が多いかもしれません。この「ひっこみ型」は、自分の本当の気持ちや考えを相手に伝えません。自分の思いをひっこめて、相手の欲求にしたがってしまいます。「いい人と思われたい」「断ったらきらわれてしまうかも……」「相手を傷つけてはいけない」「自分さえガマンすればいいのだから」という思いが強いので、自分の欲求を心のなかにしまい込んでしまうのです。

対立は避けられても不満が残る

「ひっこみ型」は相手にあわせるので、対立は起こりません。本当は「イヤだな」と思っても、文句を言わずに引き受けるので、まわりの人からは、「いい人」という評価を受けるかもしれません。

でも、どうでしょうか。対立は起きなくても、アキはマサミに対して「あ〜やだ」と、不満をもっています。同じようなことが続くと、アキはマサミと話すのがイヤになってしまうかもしれません。別の友だちにマサミの悪口を言いたくなってしまうかもしれません。

また文句を言わず引き受けてくれて「いい人」と思われても、それは「都合のいい人」と思われるだけかもしれません。誰しもきらわれるより「いい人」と思われたいものですが、ただ「都合のいい人」というだけでは、本当の友だちとは言えませんね。

自分の考えを押し通す「攻撃型」

次に「攻撃型」の場合はどうなるか見てみましょう。

マサミ「ノート、貸して、お願い！」
アキ　「えー、なんでぇ」
マサミ「先週授業中眠くって、あまりちゃんとノートをとってないからできてないんだよ」
アキ　「ふ〜ん、でも、ムリ、ムリ。あたしだってできてないんだからとにかくムリ」
マサミ「え〜、ダメかなぁ」
アキ　「ダメ！　じゃあね」
マサミ『えー。アキ冷たいなー』

このような言い方をして後悔したことはありませんか？

「攻撃型」は自分の気持ちや考えを押し通します。相手がどのように思うかなどにはおかまいなしです。ときには相手を責めたり、怒りをぶつけることもあります。自己主張をはっきりするので自分の欲求は通ります。積極的に行動するのでリーダーシップがあると評価される場合もあります。

でも「攻撃型」の言い方をされた相手はどのような気持ちになるでしょうか。怒ってしまうかもしれません。その場ではにっこりと応じても、後から陰口を言うかもしれません。きらわれて、友だちづきあいを続けることが難しくなることもありそうです。

どんな言い方をしているか意識してみよう

じつは、わたしたちは、この「ひっこみ型」か「攻撃型」の言い方をすることが多いのです。日常生活では、どんな言い方をしようかなと、考えて話すことはほとんどありません。ですから、自分が相手によって言い方を使い分けているとは感じていません。でも、わたしたちは、無意識のうちに、相手によって「ひっこみ型」と「攻撃型」を使い分けているのです。

あなたの日頃の言動を思い浮かべてみてください。友だちや先生には「ひっこみ型」の言い方をすることが多く、家族には「攻撃型」になるということはありませんか。友だちや先生に言われたことは、本当はイヤでも引き受け、お母さんや妹・弟に何かを頼まれたときには、「ムリ、ムリ」と強い口調で断り、ケンカになるということはないですか。

「ひっこみ型」や「攻撃型」の言い方が悪いというのではありません。「ひっこみ型」にも「攻撃型」にもそれぞれ長所があり、状況にあわせて使い分ける場合もあります。ここで言いたいのは、自分がどんな表現法をしているのか、意識してほしいということです。

自己表現は生き方のスタイル

みんなかけがえのない大切な存在

自分が誰に対して、どんな言い方をしているかを意識することは、とても大切なことです。どんな言い方をするかということは、自分がどんな「生き方」をしているかに通じるからです。

みんな、幸せな生き方がしたいと望んでいると思います。どのような生き方を幸せと思うかは、人それぞれですね。「愛情があればお金がなくても幸せだ」と思う人がいれば、「お金持ちが幸せだ」と思う人もいます。幸せだと考える生活スタイルは違っても、幸せな生き方に共通するのは、「かけがえのない大切な存在として自分が尊重されている」と思えることではないでしょうか。

すべての人が「かけがえのない大切な存在」として尊重されて幸せに生きる権利をもっています。この権利が侵《おか》されないように、日本では「日本国憲法」で保障されていることを、社会科の授業などで習いましたよね。18歳より下の人は「子どもの権利条約」でも保障されています。

自分を大切にしないひっこみ型 相手を大切にしない攻撃型

このように、自分に与えられた権利を大切にして行動するという観点から自己表現について考えてみましょう。

「ひっこみ型」の行動は、自分の欲求より、相手の欲求を優先するので、ガマンすることが多くなります。すると、大切にされなかったあなたの気持ちや考えは、心のなかに押しこめられてしまいます。それが続くと、「あ〜ぁ、またちゃんと言えなかった」と自分がイヤになったり、やりたいことができなくてイライラしたりします。イライラが大きくなると食欲がなくなったり、お腹や頭が痛くなったりすることもあります。このように、「ひっこみ型」の行動では、与えられた権利を、自ら手放していると言えるので、自分の権利を大切にする行動ではありません。

イライラする気持ちをずっとガマンしていると、ある日突然爆発する場合があります。ガマンしてきた相手に対して急に攻撃

的な態度をとったり、その相手に言えないので代わりに言いやすい人にイライラをぶつけてしまうこともあります。学校でイライラした日に、お母さんや妹・弟に「八つ当たり」をしてしまうのはこの状態です。

こうした八つ当たりや、相手の気持ちを無視して自分の欲求だけを押し通したり、相手をバカにするような言い方をしたりするのは、「攻撃型」の行動です。このような攻撃型の行動は、相手の権利を尊重しているとは言えません。

つまり、「ひっこみ型」の言い方は、「かけがえのない存在として尊重される」という自分の権利を大切にしない行動であり、「攻撃型」の言い方は、相手の権利を尊重しない行動なのです。

自分の気持ちや考えを、どのように相手に伝えるかということは、自分と相手の権利を大切にして生きようとするかどうかという生き方にもつながるのです。

自分も相手も大切にする「率直型」

自分も相手ももっている権利を尊重してお互いの存在を認めあう生き方が「率直型」です。「率直型」は、自分の権利を大切にして自分の気持ちや考えをはっきり伝えます。でも、相手の言い分もしっかり聞き、相手の権利も尊重します。そしてお互いが納得できる解決策をさがして、どうしたらいいかを一緒に考えます。

率直に伝えたために、自分と相手の違いがはっきりしてしまうこともあります。隠れていた対立がわかって、もう友だちではいられなくなってしまうかもしれません。そういう危険もありますが、相手の立場を思いやる配慮をもった本当の「率直型」の発言は、受け入れられることが多いのも事実です。それは、本書のケースや実践例を読んでもらえれば、わかると思います。率直な表現方法を学んだ高校生や中学生が、実践してうまくいった実例がたくさんあります。

お互いが「かけがえのない大切な存在」であることを認め、自分も相手も大切にする生き方。それを実現するのが、「率直型」の自己表現なのです。

「率直型」でもっとなかよしに

さて、マンガに登場したアキは、「率直型」で自分の思いを伝えることができました。アキは自分の気持ちに正直に行動しようと決めて、マサミの依頼を断りました。

自分で自分の権利を大切にした行動ですね。

でも、このケースのマサミとは違って、断っても「どうしても貸して!」と言われてしまう場合もあります。相手はとても困っているのでしょう。そういうときは、どうしたらいいでしょうか。

とても困っている相手を無視するのは、相手を尊重した行動とはいえません。相手の気持ちも受け入れて、どうしたらいいか相談してみましょう。「じゃぁ一緒に勉強しよう!」という結論になるかもしれません。率直に断ったことがきっかけで、なかよしになるということもあります。

お互いを尊重する「率直型」の行動は、自分の思いを伝えるだけでなく、正直な姿を見せ合うことができる友だち関係づくりにも効果があるのです。

率直に伝えられないのはなぜ？

ホンネを言うのは誰でも不安

正直に気持ちを伝えたり、本当の考えを発言したかったけれど、言えなかったという経験は多くの人がもっています。「率直型」の行動をしたいと思っても、なかなかできないのはなぜでしょうか。

正直な気持ちや本当の考えをホンネといいます。ホンネを伝えるには不安に打ち克《か》つ勇気が必要です。ホンネを言ったら、相手が「えー、そんなこと考えてるの？」とバカにするかもしれない、きらわれるかもしれない、弱みにつけこまれるかもしれない…と、不安になります。ですから、ホンネを知られてもだいじょうぶと思える人には率直になれても、あまり親しくない人には率直に話す気持ちにはならないのです。

「じゃあ、なかなかホンネを言えないわたしは、勇気のない弱い人間なのかな」と、あなたは思うかもしれませんね。でも、そう思うことはありません。10代の時期は、心が不安定で悩みも多く、自分に自信をもちにくい時期です。ですから、不安を感じることをあえてしたいとは思わないのは当たり前です。

ホンネを言いにくいのはなぜ

それに加えて、日本の社会にはホンネを

あまり言わないほうがいいという「しきたり」があるので、その影響をあなたも受けているのです。

日本の社会は、昔からまわりの人となかよく調和して暮らすことが大切だと考えてきました。たとえば、クラスであればクラス全員がなかよくすることを優先してきたのです。あなたは、幼稚園や保育園で仲間とケンカして先生に「ケンカしたらダメよ。みんなとなかよくしなさい」と叱られたことはありませんか？ また、自分の気持ちを言ったら「わがままを言ってはダメだよ」と注意されたこともあると思います。

一人ひとりの〝個人〟の気持ちを大事にするより、みんなという〝集団〟がなかよくできるようにすることが大事だと、小さい頃から教えられて育つので「みんなと同じようにすることがよいことだ」と思うようになります。それは同時に、相手にもみんなと同じであることを求める気持ちを生み出します。そして、みんなと違うことをして、みんなの調和を乱す行動には、それをやめさせようとする〝圧力〟がかかるのです。圧力は、「みんなとなかよくしなさい」という注意のことばや、陰口や、仲間外れなどのさまざまな形になって、みんなと違うことをした人の身にふりかかります。幼いときから、そのような経験を重ねるのですから、自分のホンネはみんなとは違いそうだなと察したら、ホンネを言うのはやめよう、と考えるのは当然のなりゆきなのです。

このように、わたしたちは率直にホンネを語りにくい環境に暮らしています。いまのあなたが「率直型」で行動するのは勇気がいるから、不安に思うのも当然です。

工夫すればホンネを伝えてもだいじょうぶ

みんなとの調和を保とうと行動することが悪いわけではありません。相手のことを思いやったり、気持ちを察して行動できることはすばらしいことです。でも、仲間からの〝圧力〟が怖くて、仲間の言いなりになったとき、あなたは幸せな気持ちになりますか？　答えは「ノー」ですよね。あなたの気持ちや考えが大切にされていないのですから、とてもつらい気持ちになりますね。

自分の意見ばかり押し通そうとすると〝圧力〟がかかりますが、まわりの人に配慮して、自分の思いを伝えていくことができれば、トラブルは起こりにくくなります。コミュニケーションの方法を工夫することで、ホンネを伝えることはできるのです。

考えてみよう

「わたしらしさ」

「アイデンティティ」ということばがあります。教科書やいろいろな本、雑誌によく載っていますね。この概念にぴったり当てはまる日本語がないので、英語のまま使われることが多いのですが、「自分が考える自分らしさ」という意味をもつことばです。

あなたの年齢は、まさにアイデンティティを確立しようとしている時期。「わたしらしさって何だろう」と考えたことが何度もあると思います。それは、大人になるために必要な心の働きなんですね。

「率直型」で表現することは「わたしらしさ」を考えることにつながります。ホンネをはっきりと相手に伝えるためには、自分のホンネを知らなければならないからです。

言いたいメッセージをつくるためには、具体的に「自分は何を望んでいるのか」「それはなぜなのか」を考えなければなりません。

また、胸にわき起こるモヤモヤした気持ちについても考えるようになります。感じたことを表現しようとすると、あいまいなままではことばにできないからです。

「いま、どう感じているのだろう」「相手に何を伝えたいのだろう」と自分への問いかけをくりかえしているうちに、「自分ってこんな人間なのかな」とわかってきます。そしてさらに、「この部分はイヤだからもっとよくしよう」とか「この部分には自信があるぞ」と思えるようになります。このようにして心は成長していきます。

心が成長していくと、「これがわたしらしさかな」と思えるようになり、「この自分でいい」と自分を認める気持ちが大きくなります。さらに「この自分でこれからもやっていけるぞ」と自信もわいてきます。これがアイデンティティの確立なのです。

第1章

自分のことをわかってもらおう

——宣言のわたしメッセージ——

わたしは
そんな子じゃないのに…
アズサ もうすぐ2学期も終わるし スキー教室楽しみだね
うん！ナツ
アズサ 中2
ナツ
明日のロングホームルームで3学期に行くスキー教室の部屋割りをします
女子は15人なので2部屋に分かれてください 明日みんなで話し合って決めましょう
キャー
どうするよー
いいんじゃん
ねえ えっちゃん 一緒の部屋にしよーよ
いいよ
ガヤ
ガヤ
え〜… どうしよう…
話し合って決めるって先生は言ったけど
どうせミチがしきるにきまってるしやだなぁ…

明日
スキー教室の
部屋割り
なんだってさ
――うん…
へぇ…アズサ
なんだか
ゆううつそうね
なんか
今年のクラスって
みんなすごく
活発なんだよ
あたしは
自分の方から
話しかけたり
しないから…
自分の話とかも
しないしね…
暗いって
思われてるのかも
そうなの…
たしかに
アズサは
小さい頃から
口数は
少ないもんね…
アズサは
誰と一緒の
部屋がいいの?
――…
ナツ!
ナツとは
気があうんだあー
翌日 ホームルーム
でさあ
ナオとミホは
違う部でしょ

それじゃ テニス部とバスケ部で ちょうど7人だから そうしようよ
ほら やっぱり ミチが しきってるし…
ねぇねぇ ナツもさ
あたしらと 同じ部屋で いいよね
え…うん いいけど
――…
じゃあ これで8人 決まりね！
え…
一言も 言えないうちに きまっちゃった…
ナツと 別の部屋に なっちゃう
どうしよう…
アズサ 一緒の部屋じゃなくて 残念だったね

でもいいよね こっちは明るい子ばっかりだから おとなしいアズサには向いてないもんね
う…うん いいよ…
スキー教室
ナイターもやりたいねー
先生にムリっていわれるっしょ
あははははは
きゃははは
スキー教室なんて最悪
ホント つまらない
やだなあ…

こんなとき どうする？

ナツと一緒の部屋になりたいと思っていることを、ナツにわかってもらえませんでしたね。それは、アズサの自己表現が十分ではなかったからです。また、アズサは日頃から、自分の気持ちや考えを積極的に人に伝えようとはしなかったために、なんとなく「暗い子」という印象を友だちに与えています。

家族やとても親しい人ならば、あえていろいろ話さなくても、自分の気持ちや考えを察してもらえる場合はあります。でも、よほど親密な関係でないと正しく伝わりません。また、察してもらうのを待っているよりも自分で気持ちや考えを伝えたほうが、自分のことをよりよくわかってもらえます。

「わたし」を主語にして話す

親しくなるには率直な気持ちを伝える

自分のことをわかってもらいたいときに効果があるのは、**宣言のわたしメッセージ**という表現方法です。

宣言のわたしメッセージとは、「わたし」を主語にして自分のことを相手に伝える言い方です。「わたしは……です」が基本形ですが、「わたし」を省《はぶ》いて言ってもいいし、「わたしがほしいのは……です」のように言ってもかまいません。

アズサはナツと同じ部屋になりたいという希望をもっていましたが、それを一度もナツやクラスメートに伝えませんでしたね。部屋割りを明日決めるという先生の話があったとき、**宣言のわたしメッセージ**ならば、次のように、ナツに伝えることができます。

アズサ「ねえ、ナツ。同じ部屋になりたいな」

また、部屋割りが決まったとき、アズサはとても残念だったにもかかわらず、その気持ちを伝えませんでしたが、こんな言い方ができます。

アズサ「ナツと一緒の部屋じゃなくて、ホントに残念だよ」

こんなふうに**宣言のわたしメッセージ**を言ったとしても、自分の希望どおりになるとは限りません。でも、アズサがナツに率直な気持ちを伝えれば、ナツはアズサに親しみを感じたかもしれません。また、日頃からまわりの人に自分のことを伝えていれば、「暗い」という誤解を受けずにすんだことでしょう。

自分のことは、自分で伝えなければ、わかってもらえません。そして、自分の本当の気持ちを伝えないと、親しくなりたい人との心の距離を縮めるのは難しいのです。

主語を意識する

「同じ部屋になりたいな」という**宣言のわたしメッセージ**の言い方は、自分＝わたしを伝えるメッセージにもかかわらず、「わたし」という主語がついていません。これは、日本語の特徴によるものです。日本語はあえて主語を言わないという習慣があるからです。

英語の「アイ　ラブ　ユー」を訳してと言われたら、多くの日本人は「わたしはあなたを愛しています」と答えるでしょう。でも、実際にこんな言い方をする人はいませんね。日本人なら「あなたが好き」と言うことが多いのでは。「あなたが」も言わないで、「好き」だけかもしれません。日本語は、会話するときには主語も目的語もあいまいになるのが特徴です。

「ちゃんと通じるんだからいいんじゃないの？」と思うかもしれません。でも、ひとつ問題があるのです。それは、この日本語の特性のために、主語の「わたし（自分）」を意識しない傾向があるということです。そしてその傾向は、「わたしっていったい何？」と、自分のことに思いをめぐらせる機会を少なくしてしまうのです。

あなたのすばらしい部分に目を向けてみましょう

中高生のあなたの時期は、幼かった頃と違い、友だちと自分の違いがよく見えるようになります。足りない部分も気になります。それで、「自分ってほんとにダメだな〜」と落ち込んだりもしますよね。これは、あなただけに特別に起きることではありません。多くの中高生が悩んでいます。なぜでしょう。

　あなたは親や先生たちから足りないことを指摘され、直すように言われることはありますか。大人たちはあなたにもっとすばらしくなってほしいと思って言っているはず。でも、幼い頃から言われ続けていると、人と違ったり足りなかったりするのは、なんだかいけないことのように思ってしまいがちです。

　足りない部分を補う努力は必要です。でも、そこばかり気にしていると、あなたのすばらしい部分に目を向けることを忘れてしまいますよ。

　気に入らない部分があっても、それも含めて「かけがえのない存在」である自分なのです。「これでいいんだ」と、自分で自分を認めてみませんか。その上で、イヤだと思う部分は直す努力をすればいいのです。

　自分を認めて、「わたしらしさ」を伝えていきましょう。

わたしらしさを伝える話し方聞き方

図解❶ 話すから聞くにきりかえ

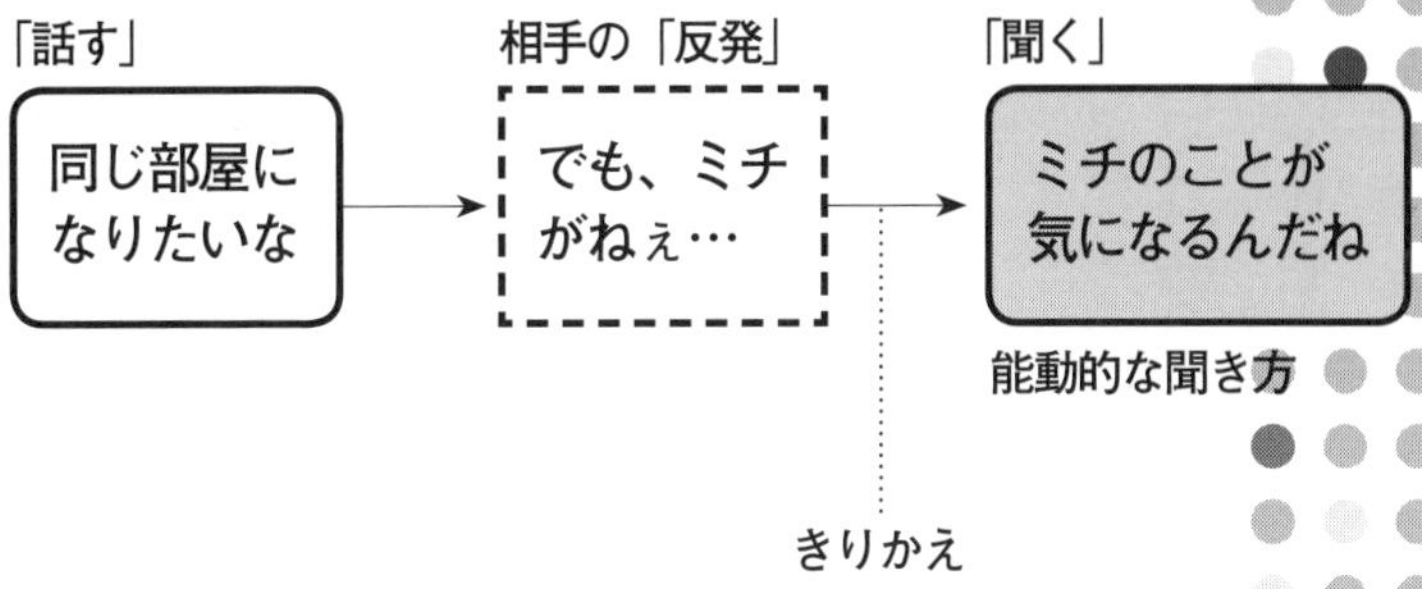

相手が反発したら聞くモードに

宣言のわたしメッセージは、自分のことを伝えるだけで、相手に何かを要求したりするための言い方ではありません。ですから、相手はよく耳を傾けてくれるはずです。でも、まれに反発されることもあります。それは、あなたが言ったことを聞いて、相手がイヤな気持ちになったときです。

もし、相手が驚いたり、反発したりするなどの抵抗を示したら、それをそのままにしておいては、いい関係づくりはできません。相手に自分のことをわかってもらったら、今度は自分が相手を理解する番です。話すモードから聞くモードへ、**きりかえ**をします。

たとえば、アズサが「ねえ、ナツ。同じ部屋になりたいな」と言ったら、ナツは「え……でも、ミチがねぇ…」と言うかもしれません。ナツはミチに何と言われるか心配なのです。ここで**きりかえ**をします。今度はアズサがナツの思いを受け止める番です。相手の思いを確認するように「ミチのことが気になるんだね」と言葉にして返します。これは、**能動的な聞き方**という特別な聞き方です。

わかってもらうには聞くことも必要

このように**きりかえ**をすると、アズサはナツの思いを正確に知ることができます。一方ナツは、アズサに「ミチのことが気になる」という自分の思いが伝わったことがわかるので安心します。

能動的な聞き方とは、「相手はいま、どんな気持ちなのかな」と相手の気持ちを考えながら話を聞き、自分が理解したことをことばにして相手に返しながら聞く、という聞き方です。カウンセリングなどで悩みを抱えた人の話を聞くときによく使われる技法です。特別な聞き方なのですが、相手の反発を受け止めるのにとても効果的です。

こうした**能動的な聞き方**で対応されると、相手は自分の気持ちをわかってくれたんだ、と理解することができます。自分が尊重されていることがわかるので、安心してあなたと話をする気持ちになるのです。そして、相手の不快な様子が消えたらもういちど、**宣言のわたしメッセージ**を言いましょう。もし、相手が誤解して反発しているような場合でも、能動的な聞き方をすれば、相手の考えがわかるので、きちんと説明すれば誤解はとけます。

ことば以外の反発にも注意

反発のあらわし方はことばだけとは限りません。反発のような否定的な感情は、相手も「言ったら悪いかな」という気持ちから、はっきりと口にしない場合が多いからです。ですから、相手をよく見て、声の調子や表情・しぐさから反発に気づくことが大切です。

たとえば次のような反応です。

・目をふせる、目をそらす
・悲しそうな表情をする
・傷ついたような様子
・口をとがらす
・声が大きくなる
・黙ってしまう　など

人とのコミュニケーションを調べた結果、ことばの影響力は7％、声の調子は38％、表情・しぐさが55％ということがわかりました。ことば以外の表現がとても大切だということがわかりますね。

「うん、いいよ」と相手が言ったとき、その声の調子や表情・しぐさにも注意しましょう。そして一瞬でも不満そうな様子や驚いた様子があらわれたら、相手の反発かもしれないと思いましょう。そのときには、聞くモードにします。この**きりかえ**が、とても重要なポイントです。

COLUMN

もっともっとなかよくなれる肯定のわたしメッセージ

肯定的な気持ちを伝えよう

宣言のわたしメッセージのひとつに**肯定《こうてい》のわたしメッセージ**があります。誰かに何かしてもらってうれしいときや、感謝しているとき、その気持ちを相手に伝えていますか。うれしい気持ち、感謝の気持ち、あるいは相手のよいところに気づき、認める気持ちなどの「肯定的」な感情を伝えることも、宣言のわたしメッセージのひとつです。これは特に**肯定のわたしメッセージ**とよんでいます。つくり方は簡単。相手の行動＋自分の肯定的な気持ちです。

「映画に誘ってくれて（相手の行動）ありがとう。ちょうど観たかったからすごくうれしい（自分の気持ち）」。

このように、できるだけ相手に伝わりやすく、うれしいとか楽しいなどの肯定的な気持ちを伝えます。

親しい人に対して、イヤだと思ったときにはけっこう率直にその気持ちを伝えているのに、いいな、うれしいなと思ったときには伝えていない、ということはありませんか？　照れくさくて言いにくいのかもしれません。でも、もし自分が何かいいことをして、それに対するうれしい気持ちや感謝の気持ちを言われたらとてもうれしいはずです。

肯定的な気持ちを伝えることは、じつは大きな意味があります。あなたは、きらいと感じる人の行動を承認する気持ちにはなかなかなれないはずです。相手の行動を認め、感謝の気持ちをもつことができるのは、相手への愛情があるからです。

相手、つまり他者への愛情をもち、それを相手にわかるように伝えていくことは、簡単なようでなかなか難しいものです。他者のよいところに気づいたり、感謝したりするには自分の心が満たされていることや、相手のよいところに気づく感性をもつことが必要だからです。

落ち込んでいたり、イライラしたりしているときに、他者のよいところを認める気持ちにはなれませんよね。また、鈍《にぶ》い感性では他者のよいところに気づくことができません。

照れくささに負けないで

あなたが、友だちの行動に対して、感謝の気持ちや認める気持ちをもったとしたら、それはあなたが、自分に対しても、他者に対しても愛情と感性をもっているという証拠です。あなたの心が豊かに育っているのです。

肯定のわたしメッセージを伝えたら、相手の人もうれしい気持ちをもつでしょう。そして伝えたあなたの心も満たされます。相手に肯定的な気持ちをもったときには、照れくささに負けないで、ぜひ**肯定のわたしメッセージ**を伝えてみましょう。

宣言のわたしメッセージを使ってみたら
3-C
修学旅行日程表
今日の修学旅行の班分けで一緒になれてよかったね!
アズサずっと気にしてたもんね
うん…やっぱりスキー教室のときのことを思い出すからさ
うん…
でも今度はナツと一緒でうれしい
アズサはあの頃とはすごく変わったよ
自分の意見とか言うようになったしさ
ホント?
みんなも言ってるよアズサが明るくなったからつきあいやすいって
へーー そうなんだ

宣言のわたしメッセージを使ってみたら

宣言のわたしメッセージは、「わたし」を主語にして、自分の考えや気持ちを伝える言い方です。

宣言のわたしメッセージが言えるようになったアズサは、友だちから「明るくなってつきあいやすい」と思われるようになりましたね。

ナツの「アズサずっと気にしてたもんね」ということばに対して、「でも今度はナツと一緒でうれしい」と自分の率直な気持ちも伝えています。

前はあんまり自分のことを話すのが好きじゃなかったんだけど…
この頃はちゃんと言わなきゃダメな時もあるってわかったから
だからできるだけ話すようにしてるんだ
その方がいいと思うよ
今日だってもめるとイヤだから先生に決めてもらおうとか言い出す人がいてあせってたじゃん
うん…あせった
でもアズサが「自分たちで決めたいです」って言ったから
みんなもやっぱり話し合いをした方がいいって感じになったわけだし
うん！ありがとうじつはけっこうドキドキしたんだだからナツにそう言ってもらえるとホントうれしい
そう！じゃあ修学旅行先でもどんどん意見を言いましょう☆
はいそうしまーす

＊1　宣言のわたしメッセージ

アズサは、自分の意見をみんなの前で言うことができるようになりました。自分のことを伝えることで、親しくなりたいと思っていたナツとの心の距離も縮まったようです。

ひとつ大事なことは、宣言のわたしメッセージを言ったときに相手が反発したり驚いたりしたら、きりかえをするということ。話すモードから聞くモードへきりかえをして、相手の思いを受け止めましょう。

ミサの感想

言う前までは何か気恥ずかしい変な気分でした。子どもの頃からいつもお母さんはいろいろと面倒を見てくれているので、それが当たり前のように思えて、あらためて感謝の気持ちを伝えたことがなかったからです。肯定のわたしメッセージを言ったら、お母さんはすごく喜んでくれました。わたしもうれしい気持ちを口に出すのはいい気持ちなんだと感じました。

やってみました！ 実践例

お母さんに感謝の気持ちを伝えたい

ミサ（中２）のお母さんは、毎日お弁当をつくってくれます。とてもおいしいと感謝していますが、あらためてその気持ちを伝えたことはありませんでした。

そこで、夕食の支度をしているお母さんに、お弁当箱を渡しながらこう言いました。

ミサ「あのね、お弁当。今日もおいしかったよ。ありがとね」

母（アレッという顔をして）「そう言ってもらえるとうれしいけど……どうかしたの？」

ミサ「今日ね、自分の思っている気持ちを口に出してみましょうっていう宿題が出たんだ」

母「なあんだ、そうだったの。でも言われるとうれしいわね」

ミサ「ほかのことも、言ってないけど感謝してるよ」

母「あら、そうなの。うれしいわねぇ。おかあさん、もっとおいしいお弁当をつくりたくなってきたわよ」

ミサ「そう、つくって！　つくって！」

考えてみよう

「友だち」

宣言のわたしメッセージ

は、自分のことを率直に相手に伝えます。もし、あなたがある友だちに「わたしメッセージ」で自分のことを伝えるようにしたら、友だちは、あなたがどんな人なのかよく理解できるので、友だちもあなたに対して率直な態度をとりやすくなります。お互いに心を開いた、信頼できる関係が生まれます。信頼できる友だちとの間に育っていくのが友情です。

「親友ができない」、「本当の友だちがいない」という相談を受けることがあります。メールアドレスを交換した子や写真を一緒に撮った子がどんなにたくさんいても、ホンネで話せる子がひとりもいないのでは、寂しい気持ちにもなりますよね。

「人と深くかかわるのなんてメンドーだ。サラッとつきあえばいい」と割り切って考えられるのであれば、それもいいかもしれません。でも、「寂しい」とか「もっとなかよくなりたい」と思うのなら、「友だちとは何か」「友情とは何か」ということを少し考えてみませんか。

あなたがありのままの自分を見せても平気な人は誰でしょうか。お互いにありのままでいることができ、「この子はわたしのことをわかっている、わたしを信じてくれる」と思うことができる友だちが親友です。そしてお互いに相手を思いやり、相手を尊重する心が友情です。だから、自分の心の内を知られることを恐れていたら、友情は生まれません。もしひとりでも親しくしたいと願う友だちがいたら、率直に話してみましょう。率直に思いを伝えあうことから、信頼関係づくりは始まります。まずあなたが率直になることで、友だちの心に一歩近づくことができるのです。

第2章

「イヤ」と言いたいときの伝え方

――返事のわたしメッセージ――

なぜ「ノー」と言えないの
はぁあ～ 1年生の指導してたらバテちゃったよ
2年のうちらよりスタミナあるよね
コズエ 高2
マヤ
あちー コーラのみてー
あ!
ハルカ 生徒会長に立候補したんだ
生徒会長になったら 緑と花の 明るい校内
2-A 飯島.はるか
清き一票よろしくです
え――
あたしたちに何も言わなかったよねぇ 同じ部活仲間なのに…
うん… もしかしたら当選する自信がなくて言いにくかったのかなぁ?
そっかぁ じゃあ うちの部で応援しようよ!
そうだね

あ！
いいこと思いついた
ハルカさ
ケンって
いい感じって
言ってたよね
うん！
KEN
ねえ
コズエ
メール出してよ
そんなあ…
あたしだって
メアドで
バレるって
だからさ
ケンの名前で
「がんばれ！」って
応援メールを
出そーよ！
えーーー
だいじょうぶだって
コズエの
お姉ちゃんに
ケータイ借りれば
わかんないって
えーーー
ねっ
う…うん…
わかった
…………

ケンから励まされたら
ハルカは元気づけられると思うけど…
他人の名前をかたるなんてやっぱよくないよなぁ…
あーあなんではっきりイヤだって言わなかったんだろう…
いまから断ろうかなあ…
でも断ったらマヤが…
シャカシャカシャ
シャカシャンシャ
maya
メール出した?
ハルカのためだからね!
絶対出してね
ふう…しかたないか…
これでメール送らなかったらマヤ絶対怒るし…
ピッ
ピッ
ピッ
本文
ケンだけど
生徒会選挙☆
ガンバレよ!!
2-A
ハルカ生徒会長おめでと――!

対立候補に
わずかに差をつけて
当選かー
よかったねー
ねえねえ
コズエ
聞いて！
実はケンに
応援メール
もらったんだ
ギクッ
超うれしいよ
あたし
ケンに
コクろうかなぁ
え
え――
どうしよう…
ウソメールだって
バレちゃうよ
やっぱりあんなこと
しなければよかった…
オレじゃ
ねーよ
え…
このメアドって…
じゃあ？
イヤだったんだから
断ればよかった
もう
最悪だ――

こんなとき どうする？

なぜコズエは「ノー」と断りたいのに「イエス」と言ってしまったのでしょう？ それは、断ったらマヤとの友だち関係に悪い影響があると考えたからです。相手の意に添わないときらわれるのではないかとか、もう友だちと思ってもらえなくなるのではないか、などの「恐れ」の気持ちが心にわきます。それよりは、自分がガマンしておこうと考えるのです。でも、それでは、自分の心は満たされません。だからむなしくなったり、落ち込んだりしてしまうのです。

「ノー」と言いたいときには、返事のわたしメッセージというコミュニケーション法を使いましょう。相手を傷つけずに「ノー」を伝えることができます。

断ったからきらわれるとは限らない

返事をする前にちょっと考えよう

偽《にせ》のメールを出してと頼まれたとき、コズエは、それはしたくない、と感じました。でも、なぜしたくないと感じたのかについて、自分の心に向き合ってみようとはしませんでした。このとき、落ち着いて考えてみれば、その行動がハルカやケンを傷つけるからやってはならないことだと気づいたはずです。

人から頼まれたり、誘われたりしたとき、すぐに返事をしないと悪いかなと思いがちです。でも、即答する必要はありません。

「この誘いや依頼に応じてだいじょうぶなのか?」

「この誘いは危険ではないのか?」

「引き受けて後悔しないか?」などと、考える時間をもつことが大事です。誘いや依頼がどのようなものかよく理解しないまま返事をすることは、とても危険なことでもあるのです。たとえば、「今日、放課後一緒にスーパーに行こうよ」と誘われて、一緒に行ったら万引きの見張り役だったということが現実に起きています。このようなときには、ひとこと「スーパーに何しに行くの?」と確かめることで、犯罪行為に巻き込まれるのを防ぐこともできます。

質問したり、「ちょっと考えさせて」と

言うことは、失礼なことではないので、考える時間をもちましょう。

イヤだと思う誘いや依頼は断る

考えた結果、引き受けないと決めたら、断りましょう。でも、どうしても「ノー」が言えないという人も多いと思います。「ハイ」と言って引き受ける方が「ノー」と断るより楽だからです。「映画に行こう」と、友だちから誘われた場合、断りにくいと感じる人は多いようです。それは、せっかく誘ってくれたのに「ノー」と言ったらきらわれるのではないかとか、もう誘ってもらえないのではないか、などと不安になるからでしょう。

また、「何かを貸してほしい」とかコズエのように「何かをしてほしい」と頼まれる場合もよくあることですね。こんなときは、断ったらきらわれるのではないかという不安に加え、自分が断ったために相手に迷惑をかけたり、相手を傷つけたりするのではないかという心配も頭をよぎります。そこでつい、断る意志を伝えない「ひっこみ型」の行動をとるという、楽に思える道を選んでしまうのです。

ひっこみ型は自分も相手も傷つける

さて、楽に思える「ひっこみ型」ですが、これが本当に楽な道でしょうか？　じつはそうではなく、いくつかの悪い影響があるのです。

ひとつは自分への悪影響です。断りたいのに断れない自分に対して、腹が立ったり、自己嫌悪《じこけんお》したりします。自分が情けなくて、自信をなくしてしまう場合もあります。引き受けたくないという自分の気持ちを大切にしない行動は、自分の心を傷つけます。

もうひとつは相手への悪影響です。断る意志を伝えなければ、相手は何の問題もなく引き受けてくれたものと信じます。本当は気が進まなかったとしても、それは伝わらないので誤解が生まれ、トラブルになりがちです。たとえば、気乗りしない遊びの誘いに応じて一緒に行っても楽しいはずはなく、それは相手にも伝わるので、誘った友だちも不満を感じるかもしれません。

また、自分の限界を考えないで、能力を超えることを引き受けたり、無理とわかっていても断れなくて引き受けてしまう場合はどうでしょう。

頼まれたことがぜんぜんできなくて、かえって迷惑をかけてしまうということになるのです。

そしてもうひとつ、友だち関係への悪影響もあります。断りたいのに断れないと、相手に対してもイヤな気持ちをもってしまいがちです。「なんでこんなこと頼むの？」と相手に腹が立ったり、「わたしがイヤだと思ってるって気づいてよね！」と不満を感じたりします。こんな気持ちでは、相手に友情を感じられなくなります。友だち関係を続けることが難しくなるでしょう。

友だち関係を悪くする攻撃型の断り方

引き受けるべきかどうか考えた結果、断りたいと思ったら、はっきり断ります。でも「攻撃型」の言い方をすると、友だち関係を悪くしかねません。たとえば、コズエが次のように言ったらどうでしょうか。
「ムリ、ムリ！　そんなメールするのイヤだ！」

こう言われたマヤは、どんな気持ちになるでしょうか。自分の提案を否定されて、傷つくかもしれませんね。これは「攻撃型」の行動です。相手を大切にしない言い方なので、友だち関係にヒビが入ります。

では、本心ではないウソの理由を言って断るというのは、どうでしょうか。これも実は「攻撃型」なのです。本当の理由を言ったら相手が傷つくから、ウソを言うという場合が多いと思います。でも、本当に相手のためを思ってウソをつくのでしょうか。もしウソがばれたら、相手はもっと傷つくはずです。ウソの理由で断らざるをえないときもありますが、できるだけ避けたい断り方です。

正直に意志を伝えた方がいいことも

自分も相手も大切にする「率直型」の行動は、断りたいときには相手の気持ちに気を配りながら**返事のわたしメッセージ**で、自分の断る意志をはっきりと伝えます。

正直に意志を伝えると、相手はあなたのことをよく理解することができます。「イヤなことは断る人」だと認められたほうが、友だち関係にいい効果があります。相手は、「もしかしてイヤなのに引き受けるのかなぁ」という心配をしないですむので、安心してあなたを誘ったり、何かを頼んだりするでしょう。また、正直に本心を語ってくれるあなたの行動から、自分は信頼されていると感じることができるので、うれしく思うことでしょう。

自分と相手への思いやりのバランスをとりましょう

「ひっこみ型」の行動は短所が多いのですが、実は長所もあります。

まず、「いい人」と思われます。相手が喜んでくれたり、自分のことを認めてくれたりするのはうれしいものです。

「いい人」と思われていれば、きらわれたり、仲間外れにされたりすることを心配しなくてすみます。

次に、まわりの人に気を使うという心を育てることができます。たとえば「相手が喜んでくれるのなら、自分はガマンしよう」と考えることができるということです。幼い頃には考えられなかったのに、10代になって、身体と共に心も成長したから、自分のことだけでなく相手のことも考えられるようになったのです。

このように、仲間の気持ちを気づかい仲間を傷つけないようにしようと思うことは、学校というひとつの社会の一員としてもっていたい意識でもありますね。

でも、ここでよく考えてほしいのは、バランスです。他者に対する思いやりと自分に対する思いやりのバランスはとれていますか？「自分がイヤなことは一切引き受けない。相手の気持ちなど考えずとにかく断る」という行動に、他者を思いやる気持ちはありません。一方、相手のためにいつも無理に引き受けて落ち込んでいたのでは、自分への思いやりが足りません。

相手への思いやりと自分への思いやり。いま、自分はどちらに傾いているのかな、バランスはとれているかなと、ときどき考えてみましょう。

返事のわたしメッセージは2部構成でつくる

図解❷ 返事のわたしメッセージは2部構成

（1）断る意志

引き受けたくないよ

＋

（2）理由

ハルカを傷つけたくないから

↓ これをつなげてみると

マヤがハルカを応援したいという気持ちはわかるよ。でも、わたし、そのメールは引き受けたくないよ。だって、もしケンからのメールじゃないってわかったらハルカは傷つくじゃん。ハルカを傷つけたくはないからさ

ノーという意志をはっきりと伝える

「ノー」と言いたいときには、**返事のわたしメッセージ**で断りましょう。図解2のように断る意志と理由の2部構成でつくります。

「ノー」という意志を伝えるには、勇気が必要です。「イエス」ならば、相手はにっこりしてくれると予想がつきますが、「ノー」の場合は、できれば避けたい相手の反発を覚悟しなければなりません。でも、はっきり相手に伝えなければ、あなたの本当の気持ちは伝わりません。

コズエの場合「メールできない」という

言い方も考えられます。「引き受けたくない」というより柔らかい感じで言いやすいかもしれません。でも、これでは真意は伝わりにくいのです。「○○することはできない」という表現には、引き受けたい気持ちはあるけれど、何かの理由があってできないのだと、弁解しているような感じがあるからです。これでは、強い意志をもって断るのだ、という姿勢は相手には伝わりません。ですから、「できない」という表現では相手に押し切られて、結局引き受けてしまうということも起きます。

例外的に、とにかく断ることさえできればいい、というときもあります。たとえば万引きの見張り役に誘われたなら、「できないよ」と言っても、あるいは、無言で走って逃げてもいいのです。とにかく、その誘いには応じてはいけません。

こうした例外を除いて、あなたに言い方を考えるゆとりがある場合には、「できない」のでなく「ノー」なのだという意志を、相手にはっきりと伝える表現を使ってみましょう。

理由は相手にわかりやすく

コズエが断りたい理由は「ハルカを傷つけたくないから」です。このように、なぜ引き受けたくないのかという断る理由や、引き受けた場合に自分が受ける影響を相手によくわかるように伝えます。

なぜ自分が「ノー」なのかを、相手に理解してもらうことが、友だちとのいい関係を保つために重要です。

「ノー」と言われただけでは、相手は戸惑うはずです。また「やりたくない」ということばだけを聞いたら、「わがままだなぁ」という印象をもつかもしれません。引き受けたくない理由や、もし引き受けたら自分がどのように困るのかという影響を、相手によく理解してもらうことがとても大切なのです。

あなたが友だちに何かを頼んだとき、その子に理由も説明してもらえず、ただ断られたら、どのような気持ちになるでしょうか。悲しくなりませんか。次に何かを頼もうとか誘おうという気持ちも失《う》せてしまうでしょう。一方、断る理由を説明してくれれば、相手の事情や気持ちも理解でき、断られてもしかたないな、と思えるのではないでしょうか。相手にわかってもらえるように理由を説明することがとても大事です。

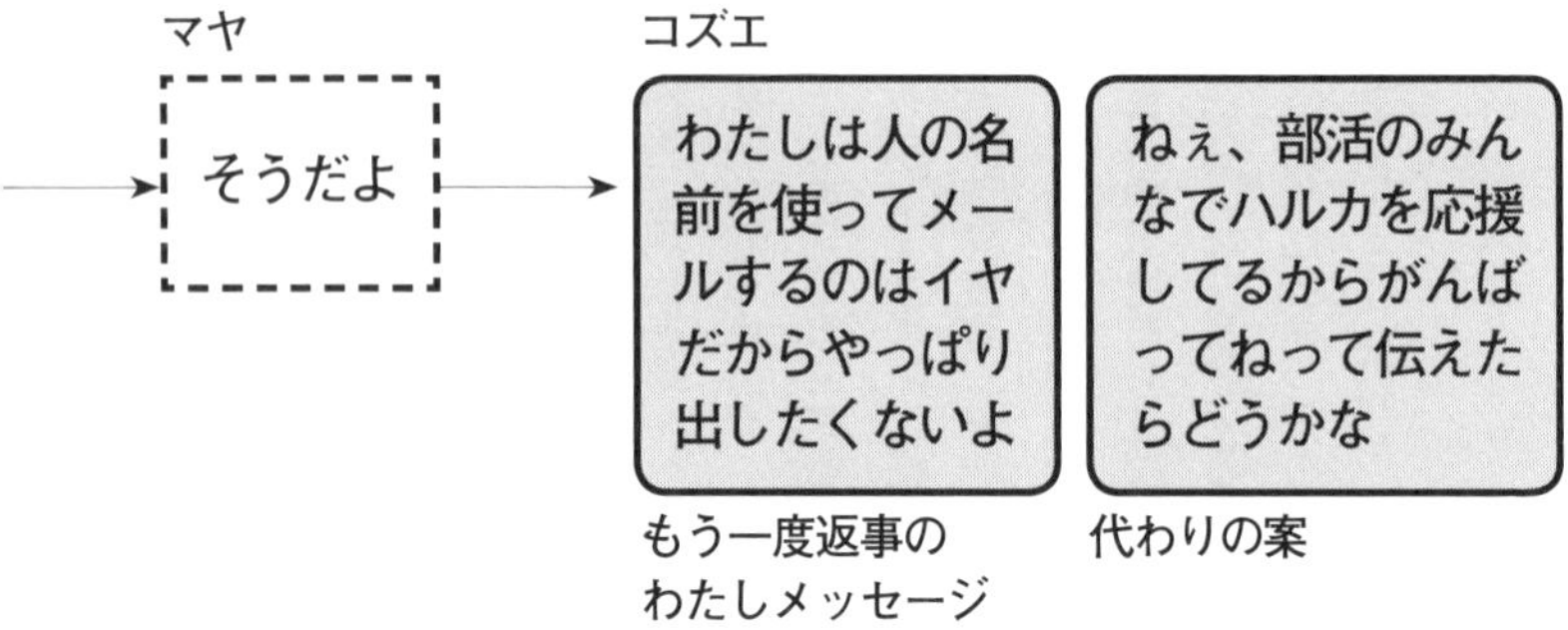
マヤ
そうだよ
コズエ
わたしは人の名前を使ってメールするのはイヤだからやっぱり出したくないよ
ねぇ、部活のみんなでハルカを応援してるからがんばってねって伝えたらどうかな
もう一度返事のわたしメッセージ
代わりの案

相手が抵抗したり反発したらきりかえて

あなたが「ノー」の意志を示したら、相手は驚くかもしれません。「え〜」と反発することもあるかもしれませんね。そのときは、話すから聞くへ**きりかえ**をします。図解3のように**能動的な聞き方**で、相手の気持ちを聞きます。

きりかえをして、相手の言い分を聞くことによって、引き受けてもいいと気持ちが変わる場合もあります。そのときは、気持ちよく「ハイ」と言えるはずです。

気持ちをごまかさないことが自信につながる

きらわれるのが怖くて気が進まないことでも引き受けていると、そんな自分を情け

図解❸ 相手が抵抗したり反発したら聞くモードに

あなたが「ノー」の意志を示したら、相手は驚くかもしれません。反発することもあるでしょう。そのときは、話すから聞くへきりかえをします。コズエの返事のわたしメッセージに対して、マヤが思いをぶつけてきたら、次のような会話になるでしょう。

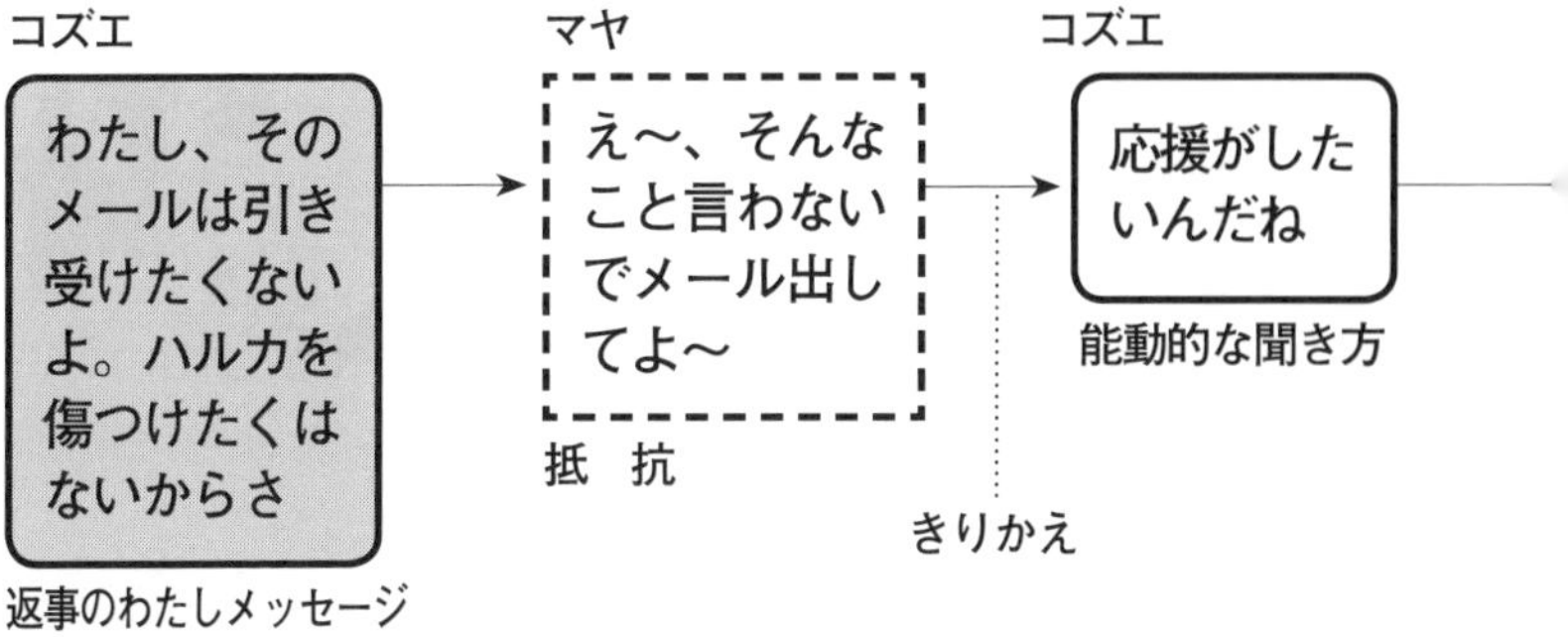
コズエ
わたし、そのメールは引き受けたくないよ。ハルカを傷つけたくはないからさ
返事のわたしメッセージ
マヤ
え～、そんなこと言わないでメール出してよ～
抵　抗
きりかえ
コズエ
応援がしたいんだね
能動的な聞き方

なく思ったり、自分のことを腹立たしく思ったりしませんか？　それがつらいので「自分がガマンすれば、友だちの期待に応えることができる。自分はいいことをしたんだ。だから落ち込むことなんてないんだ」と自分の気持ちをごまかそうとする人もいます。でも、それは自分を大切にしている行動とは言えませんね。どんなに自分の気持ちをごまかそうとしても、情けない気持ちを消すことはできないのです。

相手の気持ちも尊重できる断り方ができるようになると、自分の気持ちをごまかしてまで、イヤなことを引き受けずにすみます。断ったら友だち関係が壊れるという心配もなくなります。自信がつきます。その自信は、さらに大きなことを断る勇気をあなたに与えることでしょう。

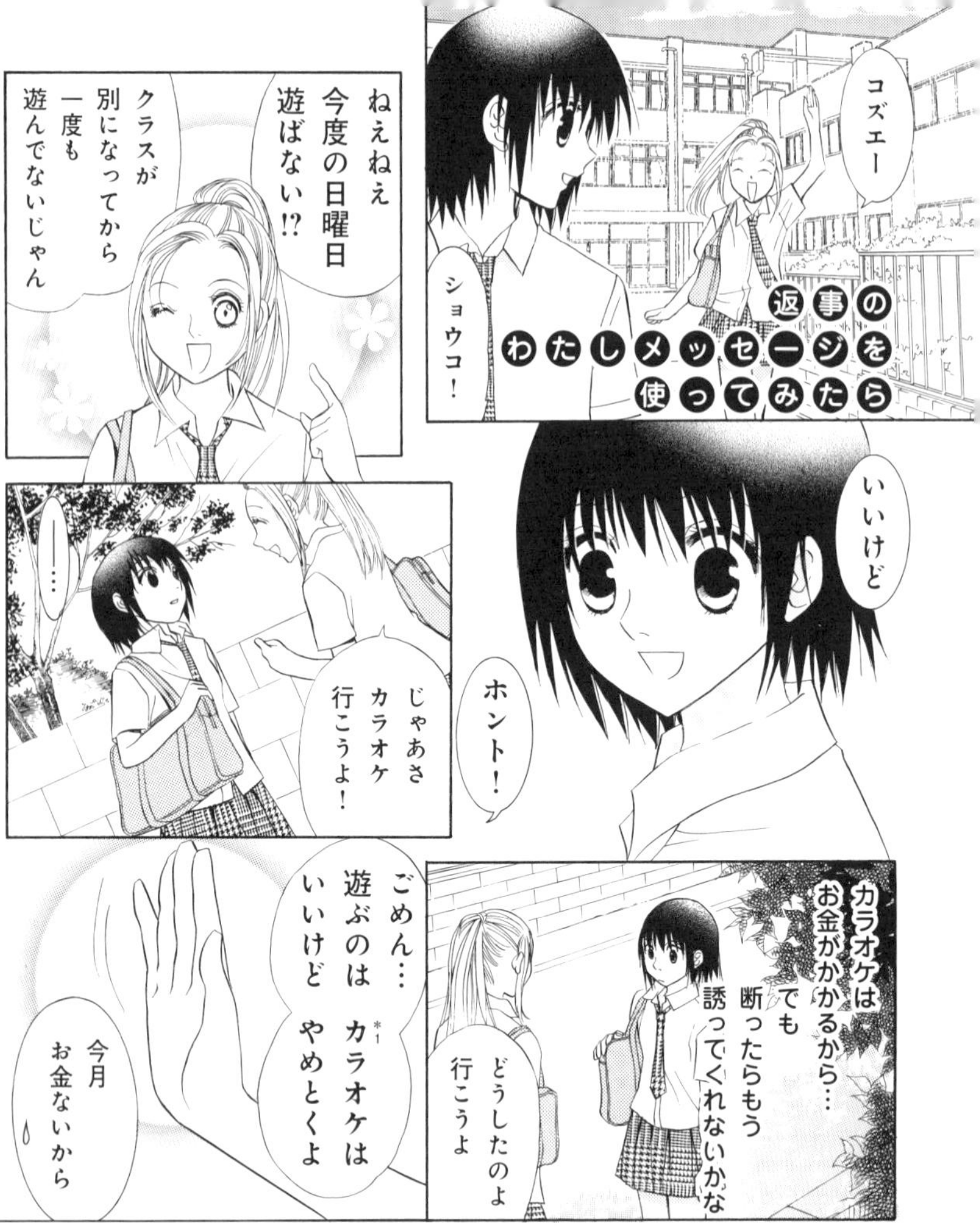

返事のわたしメッセージを使ってみたら

返事のわたしメッセージは、相手からの誘いや頼みごとを断りたいときに、じょうずにその意志を伝える言い方です。断る意志＋理由の2部構成でつくります。

＊1　返事のわたしメッセージ

コズエはショウコに誘われて、少し迷いました。でも「ごめん…遊ぶのはいいけどカラオケはやめとくよ　今月お金ないから」と、はっきり断ることができましたね。

えー[*2]── カラオケ楽しいのに
じゃあ うちに来ない!? いっぱいしゃべろうよ ゲームとかもあるし!
ショウコは[*3]歌いたいのね
どうしても歌いたいってわけじゃないけど…
なんだかこの頃ストレスたまってるんだ
そうだね そうする!
じゃ行く前にメールするね
わぁ うまく断れた!!
ショウコは全然怒ってない
断ってもだいじょうぶなんだな…
もう誘ってもらえなくなったらどうしようってドキドキしたけど
よかった
なんて気持ちいいんだろう うれしい

*2 抵抗

返事のわたしメッセージを聞いたショウコは「えーカラオケ楽しいのに」と抵抗感を示しています。

*3 「聞く」にきりかえる

相手が抵抗を示したら、「きりかえ」です。コズエは「ショウコは歌いたいのね」とショウコの気持ちを受け止めることができましたね。

相手の気持ちに気を配ることを忘れて一方的に断ると、相手を傷つけてしまうこともありますが、きりかえて相手の気持ちを大事にすれば、だいじょうぶ。

相手を傷つけることや、友だち関係が壊れることを恐れてイヤイヤ引き受けるより、ずっと気持ちのよい友だちづきあいができそうですね。

リョウタの感想

せっかく自分のことを頼りにしてくれているのに、断るのはとても悪いことをするように思えて言いにくかったけれど、引き受けることはムリだと確信したので、率直に伝えました。断ったら気まずくなるかと気になりましたが、マサトとの関係は、いままでどおりでうまくいっています。ムリをして生徒会活動に参加しても、ろくに働けず、お互いに気まずくなったかもしれないので、はっきりと断ってよかったと思います。

マサトはオレを頼ってくれてるんだ…
でもなぁ…

やってみました！ 実践例

親友の頼みを断りたい

リョウタ（中2）は、なかよしのマサトに声をかけられました。マサトとは去年も今年も同じクラスでとてもなかがいいのです。

マサト「ねえ、リョウタ。オレ、今年も生徒会の役員やろうと思ってんだ」

リョウタ「へぇ、去年もやったよな。生徒会活動がおもしろいんだね」

マサト「うん、会長とか立候補しようかなぁ。リョウタも一緒にやってくれないかな」

リョウタ「えー、今年？　悪いんだけど、オレは引き受けたくないな。だってさ、今年は部活でがんばらなきゃいけないからさ。生徒会までやってる時間がないよ」

マサト「そうかぁ。じつは今年、名前があがってるのは知らないやつばかりだから、気楽に相談しながらやれる友だちに一緒にいてほしいんだ」

リョウタ「ありがとう。オレのこと信頼してくれてるんだぁ。それなのに申し訳ないし、生徒会活動はおもしろいのだろうとは思うけど、やっぱり今年は時間が足りないから、ムリだよ」

マサト「わかった。オレももういちどよく考えてみるよ」

考えてみよう

「思いこみ」

64ページのコズエは、「カラオケに行くのを断ったら、もう誘ってくれなくなるかもしれない」と思いました。これは、じつは「思いこみ」です。もしかしたら今後誘ってくれなくなるかもしれませんが、そう決まったわけではないのです。

人は「思いこみ」をもっています。「思いこみ」は、その人独自の価値観なので、人それぞれ異なります。100人の中高生がいたら、100の「思いこみ」がある場合もあります。一方、ある社会、ある年齢に共通する「思いこみ」もあります。日本の中高生に共通するのは「断るときらわれる」というものです。

でも、本当に「断るときらわれる」のでしょうか。

たとえば、あなたとお姉さんでこんな会話をしたとします。あなた「おねえちゃん、この数学の問題教えて！」

姉「えー、今日はムリだよ。明日までの宿題がいっぱいあって、時間が足りないから」

あなたはお姉さんに断られてしまいました。「なによ。ちょっとくらい教えてくれたっていいじゃない！」と腹が立つかもしれません。でもこのことで、お姉さんがきらいになりますか？ もし、お姉さんが、自分だってピンチだということを隠してムリをして教えてくれたとしましょう。その結果、時間が足りなくなったお姉さんは、先生に厳しく注意されてしまいました。後からそのことを知ったら、あなたはどう思いますか？「はっきり断ってくれたほうがよかったな」と思うかもしれません。

たしかに「断ったらきらわれる」場合もあります。でも「断ったらきらわれるとは限らない」のです。何か迷うときには、自分のこの考えは「思いこみ」かも？ と考えてみましょう。

第3章

したいことをするのは わがままなこと？

――予防のわたしメッセージ――

だまっていたら
信頼を失った
ドボーン
ドボーン
ぷはー
ケイスケ 高1
まだ1年なのに毎日激しい練習についてきた成果だな！
オレ小学生の頃から水泳一筋でしたから伝統ある強い部に入れてうれしいです
ケイスケいいタイムが出てきたぞ
ホントですか部長！
地区大会のメンバーになれるようがんばれよ！
はい！
おーいオサム
おおケイスケ
部活おわったのかー

オレもさ ギター買って 練習してんだ
へぇ～ ケイスケ 熱心だなあ
オサム
だけど オサムが貸して くれた本見ても いまいち わかんなくて…
やっぱ 独学は 厳しいかも
じつはオレ もっとうまく なりたいから 最近 ギター教室に 通ってんだ
そっか! 教室で習ったら いいよなぁ オレも 行きてーなー
じゃあ 明日がレッスン日 だから ケイスケも 一緒に行かない!?
見学して 気にいったら 入ればいいよ! 週に1回 通うだけだけど 早く上達するぜ
週に1回かぁ… 習いたいなぁ
でも… 部活が あるからなぁ…

そうか… 水泳部 厳しいもんな… でも週に1日くらい 休んでも いいんじゃねーの？
う～ん どうだろう…
連絡事項は 部長に伝えることに なってんだけど
なんだか 休むって 言いにくい 雰囲気なんだよ
どうしようかなぁ 早くじょうずに 弾けるように なりたいしな…
部活を やめる気は ないけど 週に1回なら 休んでも 習ってみたいなぁ
翌日
ギター
クール
FamilyMart
けっきょく 部長に 休むって 言えないまま 来ちゃったけど…
ケイスケくんも 見学だけじゃなく 少し弾いてみなよ
ジャーン
ジャーン
なかなか のみこみが 早いじゃないか
ギター教室 楽しいなぁ
入りたいな!!
ザシャー
ザシャー
おい ケイスケ
あ… はい

なぜケイスケは信頼を失うような事態になってしまったのでしょうか？ それは、前もって部長に「練習を休みたい」という思いと、なぜ休みたいのかという理由をはっきりと伝えておかなかったからです。

ケイスケはギターがうまく弾けるようになりたいと思いました。このように何かをしたいとか、何かほしいという心の動きを「欲求」と言います。自分の欲求を満たすためには、まわりの人の理解や協力が必要です。まわりの人の理解を得ないで欲求を満たそうとすると、対立や誤解が生まれてしまうのです。

自分の欲求を知ろう

予防のわたしメッセージが効果的

対立や誤解を生まずに、欲求をかなえるためには、**予防のわたしメッセージ**で、相手の協力を求めると効果的です。

予防のわたしメッセージとは、何かをしたいと思う場合に、前もってそのことを相手に伝えておくためのメッセージです。

予防のわたしメッセージを言うためには、まず「自分が何をしたいのか」または「何を望んでいるのか」ということ、つまり欲求をよく知っておくことが必要です。

ケイスケの場合、「ギターをじょうずに弾きたい」という欲求がありました。では、この欲求をさらによく考えてみましょう。

「ギターをじょうずに弾きたい」と思っているケイスケですが、同時に「水泳を続けたい」という欲求ももっています。そこで「部活動とギターの練習を両立させたい」という欲求がわいてきました。ここで、「自分は何がしたいのか」ということをケイスケがしっかり考えてみれば、水泳一筋だったけれど、他の世界に興味が広がってきている自分の姿にも気づくはずです。

欲求は自分らしさ

欲求とは人の行動の原動力です。「食べ

たい」とか「寝たい」などの生理的な欲求から「なかよくしたい」などの対人関係の欲求や「認められたい」などの社会的な欲求にいたるまで、さまざまな欲求があります。そして、それは人それぞれ違います。どのような欲求をもつかはその人の個性を示すものであり、「自分らしさ」です。

どのような欲求があなたのなかにあってもいいのです。欲求に善し悪しはないのですから。あなたの欲求はあなたの「自分らしさ」をあらわす大切なものです。そして「自分はどんな欲求をもっているのか」を考えることは、「自分はどんな人間なのか」を考えることにつながります。

攻撃型では相手を怒らせることに

ケイスケは、迷った結果、部長に何も言わずに、練習を休んでしまいました。これは、「攻撃型」の行動の一つです。相手を責めるという行動ではありませんが、相手を不快な気持ちにしているからです。部長はとても怒ってしまいましたね。このように「攻撃型」の行動では相手の協力を得られるどころか、相手を怒らせ、信頼関係を損《そこ》なうことになってしまいます。

ひっこみ型では相手に伝わらない

一方、「ひっこみ型」の行動では、自分の欲求を相手に伝えることができません。相手はあなたの欲求を知らないので、あなたが望むようには行動してくれません。その結果、自分が伝えなかったせいだとわかりながらも、相手に不満をもつことが多いのです。

予防のわたしメッセージのつくり方

これをつなげると

最近、ギターがうまく弾けるようになりたいと思っているんです。そこで、部活動を続けながら、週１日だけギター教室に通いたいんです。なぜかというと、ずっと水泳一筋だったので何か他のこともやりたいからです

このように言えば、ケイスケの思いが十分に伝わります

予防のわたしメッセージではっきり伝えよう

「率直型」の行動は、**予防のわたしメッセージ**で、自分の欲求とその理由を相手に直接はっきりと伝えます。自分が何を求めているのかが、相手にはっきりと伝わるので、相手も協力しやすいのです。よって、やりたいことを実現したり、言わなかったがために起きるトラブルを予防することができます。

図解４のように、**予防のわたしメッセージ**は（1）欲求＋（2）理由の2部構成で作ります。

図解④ 2部構成の予防のわたしメッセージ

予防のわたしメッセージは（1）欲求＋（2）理由　の2部構成です。
ケイスケが部長に伝える予防のわたしメッセージをつくってみます。

欲　求		理　由
部活動を続けながら、ギター教室に通いたい	＋	水泳だけでなく他のこともやってみて、自分の世界を広げたい
よく考えた自分の欲求を伝える		なぜそうしたいか、あるいはそうしてほしいかという理由を伝える

欲求は自分を知るひとつの方法

自分の性格を知りたいという声をよく聞きます。自分のことなのに、自分でよくわからないという人も多いようです。だから、雑誌などの性格テストは人気があるのでしょう。

自分を知るための方法はいろいろありますが、自分の欲求という観点から考えてみるのもひとつの方法です。いろいろ迷い不安になるときこそ、あなたが自分を知るよい機会です。「自分は何がしたいのか？」「それはなぜか？」と自分の欲求を見つめてみましょう。

このように能動的な聞き方をすることで、相手の反発がおさまってきます。そうしたら、もういちど予防のわたしメッセージを言いましょう。

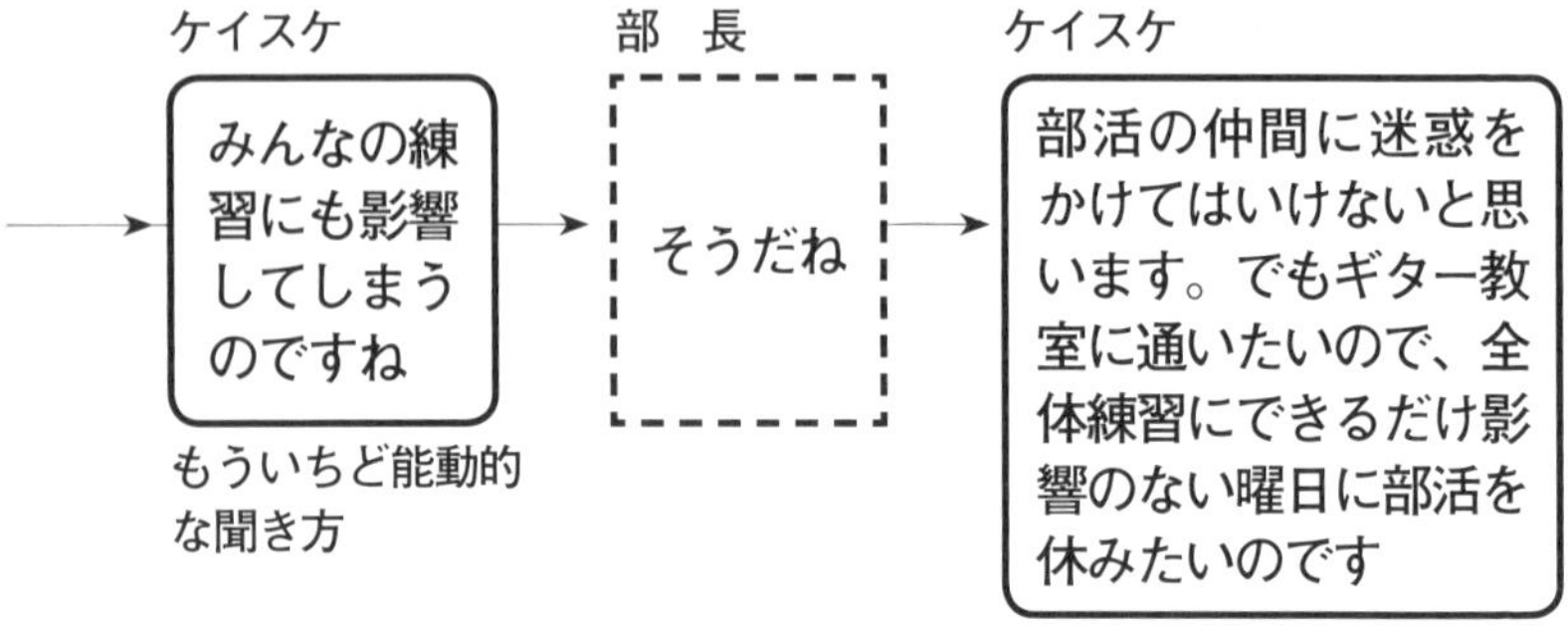
ケイスケ
みんなの練習にも影響してしまうのですね
もういちど能動的な聞き方
部　長
そうだね
ケイスケ
部活の仲間に迷惑をかけてはいけないと思います。でもギター教室に通いたいので、全体練習にできるだけ影響のない曜日に部活を休みたいのです

相手が反発したらきりかえる

考え抜いて告げた**予防のわたしメッセージ**であっても、相手にとっては意外なものかもしれません。相手が意外だという反応や、反発を示したら、図解5のように、「話す」から「聞く」に**きりかえ**をします。

自分の大切な欲求をかなえるためには、努力が必要です。相手が反発や抵抗をしたら、一生懸命、相手の言い分を聞きましょう。それには、**能動的な聞き方**が効果的です。相手の思いを知ることで、自分の考えが変わるかもしれません。相手の思いを知っても、自分の欲求をかなえたいと思ったら、もういちど**予防のわたしメッセージ**を伝えます。

図解❺ 相手が反発したらきりかえる

相手が意外だという反応や、反発を示したら、話すから聞くにきりかえをします。

部　長

えー、1日休むの？

意外だったため、大きな反発

→ （きりかえ）

ケイスケ

休むのはまずいのですね

能動的な聞き方

→

部　長

君はうまいから1日くらい休んでもだいじょうぶだけど、全体練習の予定が狂うのは困るよ

少し小さくなった反発

自分だけでなく相手を大切にする配慮があれば、自分の欲求を伝えても、気持ちよい人間関係は育ちます。**きりかえて能動的な聞き方**をすることがその配慮なのです。

予防のわたしメッセージを使ってみたら

予防のわたしメッセージは、何かをしたいと思うときに、前もってそのことを相手に伝えておくためのメッセージです。伝えておかなかったために起きるトラブルを予防したり、自分がこれからやりたいことの協力を得たいときに、とても効果的な言い方です。欲求+理由の2部構成でつくります。

ケイスケは、部長とうまく話し合うことができ、週に1日ギター教室に通うことができるようになりました。自分の希望をかなえることができ、部活にギターにと、はりきっています。

次のレッスン日
先生
僕 先生のライブ聴きたいんです
でもうちは門限[*1]が厳しいんで 昼のライブとかに行きたいんですけど
そうなんだ… ちょうど来月のライブに誘おうと思ってたとこだったんだ
でも来月は夜だし場所も遠いから…残念だね…
誘ってくれるところだったんですか
そう！ケイスケくんとても意欲的だしポピュラーな曲が多いプログラムだからちょうどいいと思ってたんだ
でも 叱られたら大変だからな…
じゃあ 昼にやる時誘うよ！
ありがとうございます
ぜひ行きたいのでよろしくお願いします！

＊1 予防のわたしメッセージ

先生のコンサートには行きたいけれど、夜はムリ……。欲求を満たすことがちょっと難しいケイスケですが、予防のわたしメッセージで、じょうずに自分の状況と希望を伝えることができました。

自分の希望や欲求に気づいたら、あらかじめ相手に伝えておくこと。それが、自分も相手も大事にする行動だと言えますね。

カオリ 「ほんと？　ありがとう。じゃ、お金がかからなくて楽しいところさがしとくね」

カオリの感想

いろんなところへ行きたいという気持ちを伝えたときの彼の反応が大きかったので驚きました。よほど意外だったのでしょう。通学のときにしゃべったり、メールをしたりしてけっこう話をしているつもりだったけれど、自分が本当にしたいことを伝えてなかったと気づきました。勇気を出して伝えてよかった。これからは、もっと素直に自分の気持ちを伝えて、もっとなかよくなれたらいいなと思います。

やってみました！ 実践例

デートをもっと楽しくしたい

カオリ（高2）とケンタはつきあいはじめて1年になるカップルです。ふたりとも勉強、クラブ活動、アルバイトと厳しいスケジュールをこなす毎日ではあるものの、月に2回くらいはデートを楽しみます。つきあいはじめのころは、ケンタに会えることだけでうれしかったカオリですが、このごろはデートの場所が不満なのです。スポーツが大好きなケンタが行きたがるのは、スポーツ関係の場所ばかり。後輩の試合の応援がデートだったときは、すごくショックでした。せっかくのデートのときにケンカになるのはイヤなので、不満を飲み込んだカオリでしたが、これから楽しくつきあうために自分の気持ちを伝えることにしました。

カオリ 「遊びに行くときの場所なんだけど……」

ケンタ 「うん、どうかした？」

カオリ 「わたしね、映画とか買い物とか好きだから、そういうのもしたいなって思って」

ケンタ 「えー、じゃ、いままでつまんなかったの？　カオリだって喜んでたじゃん」

カオリ 「怒った？」

ケンタ 「怒ってないけど、ちょっとびっくり」

カオリ 「びっくりか～。スポーツはわたしも好きだよ。でも、毎回そうだとやっぱりつまらないよ。スポーツを見に行ったり、映画観たり、買い物したりっていろいろやりたいし」

ケンタ 「そうなんだ。じゃ、今度の土曜日はどうする？　あんまりお金ないから映画はムリかなぁ」

相手に気づいてもらうには？

Q&A

Q　何か協力してほしいと思うときでも、自分からは言い出しにくいし、迷惑だと思われたらつらいので、相手の方から気づいて、してくれたらいいのにと思います。

A　それはとても楽でいいかもしれませんが、すべての人が察して何かをしてくれるというのは、ありえないことです。気づいてくれることを期待していると、期待が外れたとき、腹が立つと思いますよ。

期待が外れて、怒ったり、気づいてくれるのを待ってイライラするより、自分で行動してみませんか。

あなたは親や先生から「責任をもちなさい」と言われた経験がありますか。「責任」とは「人のせいにしない」ということ。何かの結果は、それがいい場合であっても、悪い場合であっても誰か他人のせいではなく、自分のせいだと考えるということです。これは、「自分らしく」生きていくためにとても大事なことなのです。

自分が協力してほしいことをしてもらえないのは「相手が気づかない」からなのではなく、「自分が十分に伝えていない」からです。

「貸した本をいつまでも返してくれない」と嘆《なげ》くより、その友だちに「明日、以前あなたに貸した本を使いたいの。部活動で必要だから」と伝えましょう。

人はまわりの人の協力なしに生きていくことはできません。まして未成年のあなたが、人に協力を求めるのは当たり前のことです。しっかり自分の欲求を考えて、**予防のわたしメッセージ**で伝えましょう。それは「人のせい」にしない生き方の練習にもなります。うまく伝わって協力が得られたら、自信がわいてきますよ。

第4章

友だちのイヤなところを変えてもらう

——対決のわたしメッセージ——

頭にきて怒ったら
逆ギレされた
I-B
クミ
悪いんだけど電子辞書貸してくれない！今日うっかり忘れちゃってさー
シズカ
うん いいよ
はい どうぞ
クミ 高1
ごめんね クミ 午後が英語だったよね
昼休みに返しに来るから
うん
シズカは小学校から同じ学校に通うなかよしの友だち
ありがとー

シズカ
遅いなー
もうすぐ昼休み
終わっちゃうよ
あのー
山田シズカさん
いますか？
シズカね！
待ってて
ここには
いないよー
え…
誰か
シズカどこへ
行ったか
知ってるー？
わかんなーい
部室に
行ったの
かもよー？
誰も
知らないって
あ…
ありがとう
えー…
どうしよう…
キーンコーンカーンコーン
あー
チャイムがー
まったく
どこに
行ったのよ…
ホント
頭にきた
シズカのせいで
あたしが
辞書なしで
授業受けなきゃ
ならないじゃないの

じゃーねー
ばいばーい
ごめんごめん遅くなって
シズカ!
なんでちゃんと返しに来ないの?
約束守ってよねっ
あー…
「あー」じゃないよひどいじゃん
そんなに怒んなくてもいいじゃん返しに来たじゃない
えー…なんで逆ギレすんのよ…
くやしいなあ…
今日シズカとケンカしちゃったんだ…
へぇめずらしいわね

シズカが約束の時間に電子辞書を返してくれなかったから
きつい言い方しちゃった…
弟にいつもきついこと言ってるからつい出たんでしょ
そーだそーだ
シズカ逆ギレしてさちょー気まずいよ…
あーあ…言わなきゃよかったのかな…
でもそれもイヤだよね
だってあたしが悪いことしたわけじゃないしさ…
……
クラスの子だったらイヤな気持ちの時は言わないんだ…
言うといろいろとめんどうだしね
でもシズカだからつい言っちゃった…
ああ…明日からどうしよう…

こんなときどうする?

大切な友だちのシズカとケンカしてしまってクミは落ち込んでしまいました。なぜクミはシズカとうまく話ができなかったのでしょうか?

それは、クミが自分の気持ちを、怒りにまかせてシズカにぶつけてしまったからです。相手の行動によって、自分に困ったことが起きると、心のなかには不満、失望、悲しみ、ねたみなどの否定的な感情がわいてきます。自分の内面にどんな感情があるのかを見きわめないで、怒った勢いで友だちに話をすると、怒りをストレートにぶつけてしまって相手を責める言い方になってしまうのです。

どうしよう？ 相手の困った行動

イヤな気持ちを伝えてもケンカにならない方法

イヤなことをされたら、誰でも腹が立ったり、頭にきたりします。怒ること自体が悪いことではありません。でも、自分がイヤな気持ちだということをじょうずに伝えないとケンカになってしまいます。ケンカにならずに、自分の気持ちを伝えたいなら、**対決のわたしメッセージ**というコミュニケーションの方法が効果的です。

対決のわたしメッセージとは、他の人の行動が原因で、自分が困ったりイヤな思いをしたとき、相手に行動を変えてもらうように働きかけるメッセージです。怒りをぶつけるのではなく、自分の気持ちを率直に伝えます。すると相手は責められた感じを受けないので、自ら行動を変えようという気持ちになります。

気持ちは個性をあらわす大切なものです

自分のイヤな気持ちを率直に伝えるのが**対決のわたしメッセージ**です。では気持ちとか感情とは何でしょうか。

悲しいとか、寂しい、くやしい、うれしい、楽しいなど、感情は心の動きを示しています。こうした心の動きを、わたしたち人間は誰でも体験しますが、動きの程度は人それぞれです。あることに対して心が動く人もいれば、動かない人もいます。

心の動きは脳の働きによるものです。でも、心の場所を示してくださいとお願いすると、多くの人が胸、特に心臓のあたりを押さえます。脳のなかに心があるということはわかっていても、心臓を押さえるのはなぜでしょう。これは、心が心臓、つまり生命の源だと感じているからではないでしょうか。心の動きである感情は、生命と同じくらい大切なのです。

もし、あなたが自分の気持ちを伝えたのに無視されたら、すごく悲しいですよね。あなた自身の存在を否定されたように感じるのではないでしょうか。あなたの気持ちはあなたの存在そのものだからです。あなたの個性をつかさどり、あなたの個性をあらわすとても大切なものなのです。

自分らしく生きたいと願うなら、あなたの気持ちを大切にしましょう。あなたの内面にはどんな気持ちがありますか。それを、あなたの大切な人にも伝えてみましょう。それが、あなた自身を理解してもらうことになるのですから。

イヤだなという気持ち、どうしたらいい？

不快な感情をため込むと困ったことに

気持ちは大きく分けると快と不快の2つになります。つまり、肯定的感情と否定的感情です。うれしい、楽しい、喜ばしいなどの「快」の感情が肯定的感情。くやしい、悲しい、ねたましいなど「不快」の感情が否定的感情です。

わたしたちは、何かを見たり、聞いたりしたとき、それに反応して心のなかに感情がわきます。そしてその感情を何かの形であらわします。たとえば、赤ちゃんはうれしければにこにこし、お腹がすいたりしてイヤだと思うときは泣きます。このように、人は、本来は感じたままに反応を示すのです。ところが、成長に伴って、感情をあらわさない場合も起きるようになります。たとえば、ケンカに負けてくやしかったけれど、泣かないようにガマンするというようなケースです。それは、親などの大人に教えられて、感情をコントロールできるようになるからです。

感情のコントロールは必要です。みんなが感情をむき出しにして行動をしたら、社会は成り立たないからです。

でも、あまりにおさえ込みすぎると、いろいろ困った問題が起きます。抑制された感情はストレスになります。まるで「ガス」のように心の中にたまっていきます。

そして限界になったら「ガス爆発」を起こします。それが「キレる」状態です。一方、爆発しないで、ずっとため込み、苦しくて心の病気になる場合もあります。

自分の気持ちがわからなくなる

「キレる」のも心の病気になるのも避けたいことですが、いちばんの困り者は、自分の気持ちがわからなくなってしまうことです。あなたは何かに反応して感情がわいたら「自分はいま、こんな気持ちなんだな」とわかりますよね。でも、いつもその感情をあらわさないようにおさえ込んでいると、だんだん自分の気持ちがわからなくなってしまうのです。

ある幼稚園児が、背が低くて、ほしいお菓子がどうしても取れなかったとしましょう。この子は毎日お母さんに取ってと頼むのですが断られてしまいます。ずっと断られることが続くうちにこの子は、いくら頼んでもムリだなと理解します。すると、今度は、ほしいと思うと悲しくなるので、ほしいと思わないようにしようと考えるようになっていきます。

同じような心の働きは、あなたにも起きます。つらくてたまらないとき、そのつらい気持ちを、なかったことにしてしまおうとする心の働きです。たしかに、イヤなことが起きたとき、つらいから忘れてしまおうと思うときもありますよね。それはそれでいいのですが、つらい気持ちになったことは、ちゃんと認めてほしいのです。そうでないと、だんだん自分の気持ちがわからなくなってしまいます。

自分の気持ちは自分らしさでもある

心にわいた気持ちを、そのまま口に出すことは、相手に伝わりやすいというだけでなく、自分でも確かめやすいという大きな利点があります。序章で、中高生の時期は「わたしって何？」と迷いながらアイデンティティを確立していく大事な時期だと説明しましたね。自分の気持ちに気づいていないと、自分らしさが何なのかを考えることはできません。だからこそ、いまのあなたには、自分の気持ちを正直に話してほしいと思います。

とは言っても、幼児のように、イヤだからといって泣いたり、腹が立ったからといってどなったりすることは、あなたの年齢に適した伝え方ではありません。場合によっては、気持ちをおさえることも必要になります。伝えるか、おさえるかのどちらがよいかを考えて選ぶこともできるといいですね。

自分の感情は自分だけのものです。だから、あなたがあなたの感情を知り、コントロールしなければなりません。あなた以外の誰にもできないことです。

ひっこみ型の長所、短所

「ひっこみ型」はガマンして気持ちをあらわしません。序章で説明したように、わたしたち日本人には、まわりの人との調和を保つために否定的な感情を表に出さないほうがよいという傾向があります。ですから、イヤだと思っても、その気持ちをあらわさない「ひっこみ型」の行動をとる人が多いようです。心のなかではまるで嵐が起きたように感情が渦巻いていても、顔ではにっこり笑うという体験をもつ人は多いのではないでしょうか。

この「ひっこみ型」の長所は、**返事のわたしメッセージ**の場合と同じように、「いい人」と評価されます。また否定的感情を伝えるのは、怖いものですが、その怖さや緊張感を感じないですみます。対立が避けられるので、さらに悪い事態になることも防げます。

一方、短所は、ガマンするのでストレスがたまります。また自分の気持ちを理解してもらうことができません。

攻撃型の長所、短所

「攻撃型」は自分の感情を相手にぶつけて相手を傷つけます。たとえば「怒り」を感じたら、相手をどなったりします。どなられたら相手もイヤな気持ちになるので、相手とケンカになったり、相手にきらわれたりするなど友だち関係を壊しかねません。これが「攻撃型」の短所です。一方長所は、怒りの感情が発散できてすっきりするとか、自分の欲求が通るということろです。

怒りとは何か

では、「怒り」の感情とは何なのか考えてみましょう。相手の行動によって困ったことが起きた場合、多くの人が感じるのは「怒り」です。むかついたり、頭にきたりします。

「怒り」の感情がわくのは当たり前のことなのですが、表現の仕方によっては、相手

陰口はなぜいけないか？

相手に対して腹を立てているのに何も言えないと、後から誰かに相手の陰口を言いたくなるものです。相手に直接責めるようなことを言うわけではないので「ひっこみ型」の行動のように見えます。でもじつは「攻撃型」。かくれて攻撃する行動と言えます。

相手にわからないように言ったはずなのに、陰口は回り回って、相手の耳に届くものです。自分が陰口を言われていると知った相手はとても傷つきます。面と向かって文句を言われるよりショックを受ける場合もあります。そして、自分の陰口を言った人とは友だち関係を続けたいとは思わなくなるでしょう。

を深く傷つける攻撃になります。「むかつく！」と言ったり、「なんで返しに来ないのよ！」と責める口調で言ったのでは、相手は攻撃されたと感じます。

「むかつく」とか「頭にくる」などの怒りの感情が起きたときには、その原因になる感情があります。電子辞書を約束どおり返さなかったシズカに対して、クミは怒りましたが、このときクミの心にはどういう感情があったでしょうか。「困った」という思いのほか、約束を破られたことに対する「くやしい」「残念」という感情があったはずです。これらの感情が「怒り」という感情を引き起こしたのです。この怒りの基になった感情を相手に伝えることができれば、「怒り」によって相手を攻撃することなく、本当の自分の気持ちを相手にわかってもらうことができます。

チェック

あなたは何型？

あなたはいつも何型で行動しているでしょうか。もし、あなたがクミの立場なら、電子辞書を時間どおりに返さなかったシズカに対して何と言いますか。チェックしてみてください。

1 □ 「…いいよ…」（しかたがないとあきらめる）
2 □ 「時間を守ってよ」
3 □ 「約束を守らないならもう二度と貸さないからね」
4 □ 「約束は守るべきでしょ」
5 □ 「シズカのしたことはとても迷惑になるのよ」
6 □ 「これからは、隣の子に見せてもらったらいいよ」
7 □ 「なんでちゃんと返しに来ないのよ！　約束を守らないなんて最悪じゃない！」
8 □ 「シズカっていつもきちんとしてるよね。こんなことめずらしいよねぇ」
9 □ 「ひどいじゃない。ホントにいい加減なんだね。信じらんないよ」
10 □ 「はじめから約束を守る気なんてなかったんでしょう」
11 □ 「どうして約束を守らないの？　時間の感覚がないの？」
12 □ 「いまのクラスの仲間に気を使って大変なんだね」
13 □ 「わたしがこんなに気をもんでるのに、いい調子だよね」
14 □ 「…」シズカには何も言わず、彼女の陰口を誰かに言う
15 □ 「…」今度は自分が何かを借りてわざと返さない
16 □ 「…」もう、つきあわない。会っても目をあわせないようにする

どれかに当てはまりましたか。1は「ひっこみ型」、それ以外はすべて「攻撃型」です。

相手を責めず自分もガマンしない方法

攻撃的な表現は「あなたメッセージ」

「なんでこんなに遅いのよ！」
「時間を守ってよ！」
「ひどいじゃない！」

こうした「攻撃型」で言ったことばの主語は、全部「あなた」です。あなたが遅い、あなたは時間を守れ、あなたはひどい、と。そこで、相手を責めるこの言い方を「あなたメッセージ」と言います。言われた相手は、責められたと感じるので防衛的な態度をとります。弁解したり、反発をしたくなるのです。相手のために行動を変える気にはなれません。「時間を守って！」と「あなたメッセージ」で伝えても、相手は自分の行動を変えようとはしないのです。最悪の場合には、相手はプライドを傷つけられたと感じて、友だちづきあいをやめてしまうかもしれません。

また、言ったほうも、怒りをぶつけることで、そのときはすっきりするかもしれませんが、とても後味が悪くなる場合が多いものです。「あなたメッセージ」で怒りをぶつけるときには、自分の感情は何だろう？と考える作業はしていません。自分の心を大切にしていない行動でもあります。

このように、相手も、自分も、お互いの関係も大切にしないのが「あなたメッセージ」の表現です。

気持ちを伝える

気持ちに善し悪しはありません。どんな気持ちをもってもいいのです。大事なのはその伝え方です。相手を責めず、自分もガマンせず、自分の気持ちを率直に伝える言い方が**わたしメッセージ**です。そして、相手の行動によって困ったことが起きたり、腹が立ったりしたとき、それを解決するのに効果的なのが、**対決のわたしメッセージ**です。

「対決」というと、勝ち負けを意識した戦いや競争のイメージがありますが、この場合は少し違います。「相手の行動によって自分に困ったことが起きたとき、自分の思いを知り、それを相手にしっかり伝えて、相手と自分の〝違い〟をはっきりさせる」と、とらえてください。

怒りを引き起こした感情は何か考える

相手の行動によってイヤだなと思うことが起きたとき、心のなかには否定的な感情が起こります。強い怒りを感じる場合もあります。そういうときには、なぜ自分はこんなに怒っているのだろうと考えましょう。先ほど説明した、怒りを引き起こす原因となる感情を探すのです。

そして、その感情を率直に伝えます。自分の心を見つめ、自分を大切にします。この言い方をすれば、「あなたメッセージ」のように相手を傷つけることはありません。ふたりの関係も損なわれません。自分も相手もふたりの関係も大切にする表現が、**対決のわたしメッセージ**です。

対決のわたしメッセージは3部構成でつくる

これをつなげると →

昼休みに返しにくるって約束だったよね。約束どおりに辞書を返しにこない（行動）から不便で困ったんだよ（気持ち）。だって、辞書なしではわからない単語が多いから（影響）

対決のわたしメッセージは（1）相手の行動＋（2）自分への影響＋（3）自分の気持ちの3部構成でつくります。クミが図解6のような言い方をしたら、シズカは逆ギレしなかったかもしれませんね。

第1部は相手の行動

まず第1部では、相手のどのような行動で、困っているのかを伝えます。できるだけ非難がましくなく伝えましょう。自分が困っていることなので、つい非難がましい口調になりがちです。でもそれでは相手は「責められている」と感じてしまいます。

クミの場合、電子辞書を約束どおりの時

図解❻ 3部構成の対決のわたしメッセージ

対決のわたしメッセージは（1）相手の行動＋（2）自分への影響＋（3）自分の気持ちの3部構成です

では、電子辞書を約束どおりに返してくれなかったシズカに対して、クミはどのような言い方をすれば、よかったでしょうか。対決のわたしメッセージをつくってみましょう。

相手の行動
（シズカの行動）

約束の時間に電子辞書を返しにこない

＋

自分への影響
（クミへの影響）

辞書なしではわからない単語が多い

＋

自分の気持ち
（クミの気持ち）

不便で困ったんだよ

否定的な感情

間に返してもらえませんでした。こんなとき、つい「シズカが約束を破ってばっかりだと……」や「シズカにいつも約束を破られると……」などの言い方をしがちです。

「……破ってばっかり」とか「いつも……」という言い方は、相手にとっては、非難がましい感じがします。これでは、シズカはこのことばを聞いただけでイヤな気持ちになってしまいます。「約束どおりに辞書を返しにこない」というように、そのときに起きた事実をそのまま言います。

第2部は自分への影響

　相手の行動が自分に与える影響を具体的に伝えます。相手は自分とは違う考え方、感じ方をもつ存在です。自分が困るようなことでも、相手は苦にならないということもあるのです。誰が聞いても「なるほど、それで困るんだな」とわかるように話すことが大切です。そしてそのためには、できるだけ具体的に伝えます。

人は、自分がとっている行動がよくないことだとは思いにくいものです。だから、相手に「自分の行動が迷惑なんだな」とちゃんとわかるように影響を説明しないと、相手はあなたがなぜ困っているのかを理解することができず、行動を変えようとは思いません。自分に与える影響を具体的にわかりやすく伝えることは、とても大切なのです。

第3部は自分の気持ち

「気持ち」と「考え」は違います。でも、私たちはこの2つをはっきり分けて使わないことが多いのです。たとえば「明日はひさしぶりのデートだから、絶対に寝坊したくないな」と思っているとします。これは気持ちと考えのどちらでしょうか?

これは、考えです。「寝坊して遅刻するようなことがないようにしよう」と考えているのです。このときの気持ちは、デートへの緊張感とか期待感、「あ〜、デートだ。うれしいな」とか「わくわくするな」といった心の動きです。

もうひとつ「気持ち」と間違えやすいものに、「要求」があります。「○○してほしい」は気持ちだととらえがちです。でもこれは相手になんらかの行動を求めている「要求」です。「要求」があるとき、その理由となる「気持ち」があります。たとえば「扇風機をかけてほしい」という要求のもとには「暑くて不快だ」という感情が働いています。

「気持ち」「考え」「要求」は全部、自分の内面にあるものです。これらはごちゃごちゃになってしまって、わからなくなりがちです。でも、よく考えれば違いがわかるはずです。「自分はいま、どんな気持ちなのかな」と自分の心のなかを見つめましょう。そして、わかったらその気持ちを率直に相手に伝えましょう。

ところで、実際に相手に**対決のわたしメッセージ**を言う場合には、ちょっと前置きをすると、自分も相手も抵抗感が少なくなります。「いま、話していい?」と許可をもらう前置きや、「昼休みに辞書を返す約束だったよね」と確認する前置きなどをすると言いやすくなりますよ。

きりかえで相手の気持ちを受け止める

シ ョ ウ

でもさ、あのソフトは弟と一緒に買ったから、弟との約束を守らないと、オレまずいんだよ

もういちど対決のわたしメッセージ

→

コ ウ キ

そうなんだ…わかったよ。ごめんね。じゃあ、今日は部活があるから夜なら返しに行けるけど、いいかな？

→

シ ョ ウ

それでいいよ。ありがとう

肯定のわたしメッセージ

相手が反発したらきりかえる

自分の気持ちを率直に伝えることは大切ですが、相手が不快に思っているのをそのままにしてしまったら、「ただのわがままな人」と思われてしまうかもしれません。自分を大切にするために自分の気持ちを伝えたら、今度は相手の気持ちを受け止めて、相手を大切にしましょう。図解7のように、相手が反発したり抵抗したりしたら、**能動的な聞き方**にきりかえます。

相手の話を聞いて「なるほど、そういう事情ならしかたない」と自分が納得できれば、話はこれで終了です。まだ問題が解決

図解⑦ きりかえ　話す→聞く→話す

相手が反発や弁解などの抵抗をしたときには、相手の気持ちを受け止めます。相手を責めない対決のわたしメッセージでも、相手が抵抗することがあります。そのときには、話すから聞くにきりかえて、しっかり相手の気持ちを聞きましょう。

ショウ

この前貸したソフトだけど。今日返してもらえないと、オレ困るんだよ。弟がやりたいって言ってるからさ

対決のわたしメッセージ

→

コウキ

そっか〜。ごめんね。あれ意外と難しくて、全然クリアできなくて〜。くやしいからもうちょっとやりたいな、なんて思って

抵抗

→ きりかえ

ショウ

もっとやりたいんだ

能動的な聞き方

↓

コウキ

うん

しないときには、もういちど**対決のわたしメッセージ**を言います。

　物の貸し借りはトラブルになりやすいのですが、ショウは、**対決のわたしメッセージ**で率直に思いを伝えることによって、困ったことを解決することができましたね。

　そして、**肯定のわたしメッセージ**で、うれしい気持ちを伝えることも忘れないようにしましょう。

対決のわたしメッセージを使ってみたら
ねえクミ 悪いんだけど 自転車 ちょっと貸して
なんで？
部活で 足りない物が あるから コンビニまで 行きたいの
今日はバイトが あるから 長い時間は ダメだよ
だいじょうぶだよ 10分くらいで 行って これるから
そう…
シズカが せっかく声を かけてくれたから 貸した方が いいかな…
これが きっかけで またなかよく なれたら いいし…
わかった でもホントに 10分だけだよ
はいカギ
ありがとう
遅いなー シズカ…
バイトの時間に 間に合わなくなる… イライラ
クミー
ごめーん
ハァ ハァ
＊1 ① シズカ 自転車返す 約束の時間 過ぎてるよ

対決のわたしメッセージを使ってみたら

対決のわたしメッセージは、相手の行動によって自分が困ったとき、その気持ちを率直に伝え、相手の行動を変えてもらうように働きかけるメッセージです。相手の行動＋自分への影響＋自分の気持ちの3つの部分で構成します。

電子辞書のことでシズカと気まずい関係になってしまったクミ。シズカから頼まれて自転車を貸したけれど、またイライラすることになってしまいました。でも、今度は、じょうずに自分の気持ちを伝えました。

＊1　対決のわたしメッセージ

3つの部分を欠かさずに伝えると、相手によく理解してもらうことができます。シズカも、自分がクミをとても困らせたのだという

ことがよくわかったようですね。

「シズカが約束の時間までに自転車を返さない（①相手の行動）と、バイトに遅刻して店長に叱られるんじゃないかと不安になる（③自分への影響）から、すごくハラハラした（②自分の気持ち）」という言い方も効果的です。

＊2　反発

＊3　「そう…遠くまで行ってたんだ…」と、能動的な聞き方にきりかえて、シズカの気持ちを受け止めます。

友だちの行動に悩まされたとき、ガマンしたり、責めたりするより、率直に自分の気持ちを伝える方が、相手と気持ちがいい関係を築けます。相手がわかってくれたときには、うれしい気持ちを伝えることも大事なことですね。

にみんなに言うよ」

リカ 「ありがとう。それなら、わたしたちも楽だと思うよ。それにしてもなんとかなんないかね、この学校」

タカシ 「ムリだろな。ま、協力してやろうよ」

リカの感想

タカシといい感じで話ができました。じつは男子が大勢いるところに話に行くのは少し怖かったのです。「うるせぇ」とか言われたらどうしよう、と不安でした。でも話してみたら全然平気でした。「ラケットで打ち返せば」と言われたときには思いがけなくて少し笑ってしまいました。後で本気でそう思ってたのかな、と疑問にも感じたけれど、ボールの件はうまくいったのでよかったです。この状態は不便だけれど、しかたがないのでできるだけ協力してなかよく部活ができたらいいな、と思いました。

ボールを拾ってあげるたびに練習を中断するのはキツイなあ…

やってみました！ 実践例

野球部に希望を伝えたい

リカ（中3）は女子テニス部の部長です。リカの学校の校庭はあまり広くないので、練習中よく隣で練習している野球部のボールがテニスコートに飛び込んできます。そのたびに野球部の男子から「投げてくださ〜い」と頼まれます。女子の力では野球のグラウンドまで届かないので、わざわざテニスコートの端まで行って投げ返さなくてはいけません。結局何度も練習を中断することになり、部員たちのなかにも不満をもっている人が多いのです。また、ボールが飛んできました。リカはボールをもって、野球部の部長タカシに話に行きました。タカシとは去年同じクラスだったので、よく話をしていました。

リカ 「ボールのことなんだけど。グラウンドまで投げてくれって言われると、わたしたちつらいんだ。女子の力じゃ届かないから、練習を中断して投げに行かなきゃいけないんだ」

タカシ 「えー、そうなの？　じゃ、ラケットで打てばいいじゃん」

リカ 「ラケットで？　野球のボールを打ったらガットが傷んじゃうよ」

タカシ 「そうか……」

リカ 「知らなかったんだね。ボールが入ってくるたびにコートの端まで走っていって投げなきゃいけないのはけっこうキツイんだよ」

タカシ 「そうだよなぁ。ごめんな、気がつかなくて。じゃ、これからテニスコートまで行って投げてもらうよう

それって「自己中」にならない？

Q　自分の気持ちを言う人は「自己中」と言われてきらわれるのではないですか？

A　たしかに「自己中」つまり「自己中心的な人」はきらわれがちです。ですから、自己中」とよばれることを恐れている人が多いですね。それは中学生や高校生と話をしていて強く感じます。

仲間にきらわれたくないと思うのは当然の心理です。「自己中」な行動をして、まわりの人に迷惑をかけることは避けなくてはいけません。でも、「自己中」とよばれるのを恐れて自分の気持ちを表現しないというのは残念なことだと思いませんか？

「自己中」っていったいどんなことなのでしょう。あなたは、自分のことを話しただけで、「自己中」扱いされてしまうように思っていませんか？

たしかに、そんな風潮はありますね。でも、自分のことを大切にしたいと思ってとった行動をすべて「自己中」と決めつけることはないので す。自分のことを好きと思い、自分の思いを大事にできなければ、他人を大切にするのは難しいからです。まず、自分の気持ちをしっかり考え、自分を大切にしてください。そして、自分を大切にするために、行動しましょう。そのときには必ず、自分がこの行動をしたら相手はどう思うかな、と考えることを忘れないでくださいね。

わたしメッセージで自分の気持ちを伝えたら、今度は**きりかえ**で相手の気持ちを受け止めましょう。お互いを思いやる気持ちをもっていれば、「自己中」とはよばれませんよ。

第5章

意見対立！うまく話し合うには

――勝負なし法――

やりたいことが違う

わたしアユミ 高校1年生 漫画研究部に 入っています
現在 部員は 13名
これが最近 開発した ギャグキャラね
アユミ うまーい
部の備品は 持ち帰り禁止
・もとの場所にしよう
掃除当番
月 火 水 木 金
わたしは 1年生の5人と とてもなかよくなり 楽しく部活動を してきました
文化祭での イラストの展示は 評判よかったよねー
だけどさぁ この頃の活動 ホントに つまらないよねぇ
アユミ
うん…じつは あたしも そう思ってた
コンクールに 出展する ポスター製作 ばっかり

あたしら アニメが好きで イラストの練習が したくて 入部したのにね…
ポスターなんて 全然興味 ないし…
ホント 最低だよ
こんな 部活なら やめたい くらいだよ
部室に 行きたく ないなぁ…
あ… じゃあ
新しい部って つくれないかな
イラスト部 とかさ!!
あー それいいかも!
やりたい!
たしか 5人集まれば 部として認めて もらえるって 先生言ってた!
きゃあ きゃあ
いまから先生に 頼みに行って みようよ!

職員室
あなたたち新しい部って
あ…はい
何も言わずに退部なんかして新しい部をつくったら
マン研のメンバーとの関係は最悪になるよ
これからもずっと学校で顔をあわせるのにそれはイヤでしょう?
ええ…まあ…
このままの状態で新しい部をつくるっていうのは認められないよ
———…

何も話さずに
部をやめるのは
やっぱダメか…
そうだねぇ…
でも
ポスターづくりじゃ
なくって
あたしたちは
イラストが
描きたいんだよ
このままで
いいの!?
どう思う
アユミ?
う～ん…
こまった…
楽しく
部活動するには
どうすれば…

こんなとき
どうする?

イラスト部をつくることによって、イラストを描きたいと考えたアユミたちでしたが、その希望は通りませんでした。アユミたちと部の他のメンバーとは、やりたいこと、つまり欲求が異なったために、対立が起きました。アユミたちは、その対立を話し合って解決するのではなく、対立から逃げ出そうとして、先生から反対されました。

こういうときには、勝負なし法を使うと効果的です。自分と相手の欲求が相反したために起きる対立を、話し合いによって解決する方法です。

勝負なし法を使ってみたら
この頃
この部の活動が
わたしたちの
望むことと
違うように
思うので
話をしたいんです
そう…
あたしも最近
あなたたちの様子が
変だな…とは思ってた
部長
先生が
いい話し合いの方法を
教えてくれるそうなので
そのやり方で
話し合い
たいいんです
いいんじゃない
じゃ
先生にも
一緒にいて
いただいて
話そうよ！

勝負なし法を使ってみたら

相手と対立したとき、相手を自分の思いどおりにする（自分の勝ち）という解決の道か、自分が折れて相手の言いなりになる（自分の負け）という道しかないと思われがちです。でも、もうひとつ道があるのです。勝つのでも負けるのでもなくお互いが納得できる解決策をさがそうという道。それが、勝負なし法です。

もういちど相談に行ったアユミたちは、先生からこの方法をすすめられました。先生が同席すると言ってくれたので、他のメンバーと話し合いをすることになりました。

準備段階

スムーズに話し合うための準備をする

第1段階
アユミさんたちは いまの活動に 不満だということ だけど… では 何をしたいのか 言ってみて
はい わたしたちは アニメが好きで そんな感じの絵が 描きたいんです
いまはコンクールに 出すための ポスターの共同製作 ばかりで 全然好きな絵が 描けないんです
この部にいても やりたいことが できないんです
そうだったの？ コンクールの期日が 迫っているので 早くポスターを 完成させたいのよ
だからいまは 全員で やればいいと 思ったの
わたしたちは 全員で何かを つくるというより 個人作業の方が いいんです 一人一人が 自由にイラストを 描きたいからです
自由に描きたいという 気持ちはわかるけれど だからといって この部が分裂して しまうのは残念です
せっかくいままで なかよく活動して きたんだし…

・話し合いたいことがあることを率直に伝える。
・時間があることを確認する。
・記録できるようにする。
・勝負なし法のやり方を相手が知らない場合は説明する（アユミの場合は知っている先生が参加）。

第1段階 問題点をはっきりさせる

お互いの欲求の違い、つまり対立している問題点はどこなのかをはっきりさせます。そのためには、まず対決のわたしメッセージで自分の欲求を明確に伝えます。そして、能動的な聞き方で相手の欲求を聞きます。お互いの欲求がすべて出るまで話し合います。

第2段階
アユミさんたちは個人的にイラストが描きたいという希望なのね！

部長たちはポスターを完成させたい！

そしてこの部が分裂することは避けたいのね！

はい！

じゃあどうしたらいいか解決策を考えようよ！

なんでもいいから思いついたことを言ってみて みんなどんどんアイデアを出してください
①アニメが描きたい人は退部してイラスト部をつくる
②ポスター組とアニメ組とで活動日を分ける
③全員でポスター製作するのはやめて活動内容を分ける
④もう一つ部屋を借りて活動を分ける
⑤コンクールまでは全員でポスターをつくる
⑥コンクールに出ない

第2段階

解決策を出す

よい解決策を得るためには、できるだけ多くのアイデアが必要です。そのためのポイントは、

・思いついたアイデアをどんどん発言する

・人の発言に対してけなしたり、ほめたりしない

・頭をやわらかくして「ありえない」と思うアイデアでも言ってみる

・すべての発言を黒板や紙に書く

第3段階
ではこの6つの案に賛成か反対かを書きます!
意見を言ってください

	部長グループ	アユミグループ	理由
①	×	○	同じ道具を使う活動なので 学校からの許可が出ないだろう
②	×	×	毎日活動したい コンクールに間に合わない
③	○	○	相手の言い分がわかった!
④	×	×	空いている部屋がない
⑤	△	×	時間がないので アユミたちにも協力してほしいが イヤイヤではよい作品にはならないだろう
⑥	×	○	コンクールには出たい

第3段階
評価・検討する

アイデアをひとつずつ検討します。どちらかの欲求を満たさないものは採用されないアイデアです。○×をつけていくとわかりやすいでしょう。

アイデアをひとつずつ評価するうちに、新たなよりよいアイデアや、合体案が出てくる場合があります。そのときはそれを書き加え、評価検討します。

第4段階

双方とも賛成なのは③番の「活動内容を分ける」という案ですね！
ではこれに決定でいい!?
はい!!

第4段階 お互いが受け入れられる解決策を決定する

双方に○がついたアイデア、つまりお互いの欲求を満たすと思われるアイデアを解決策として決定します。もし、ひとつも双方に○がつかなかった場合には、修正案はないかを検討します。それでもない場合には、もういちど〈第1段階〉にもどって問題点を検討します。

第５段階
では実際にはどうするのかを決めましょう！
今日から部屋のスペースを分けて活動するために
ポスター製作は場所をとるから狭くて悪いけど部屋の西側のスペースで描いてくれるかな!?
コンクールが終わったらすぐに片付けて平等にスペースが使えるようにするから！
はいわかりました
じゃこれからもよろしくお願いします
こちらこそよろしくねまたなかよくやろうよ！
第６段階
この話し合いの最終段階は終わってからの見直しです！
コンクールの片付けが終わる頃にみんなでこの解決策でよかったかどうかを話し合いましょう！

第５段階

決定を実行する

解決策を実行するために必要なことを相談します。誰がいつまでに何をするかを具体的に決めます。自分以外の人の協力が必要な場合には、そのことも相談します。

第６段階

実行した結果をチェックする

実行した後、その結果がよかったかどうかを双方で話し合います。うまくいっていなかった場合には、もういちど勝負なし法で話し合います。

相手も自分も納得できる話し合い方

対立から逃げないで向き合ってみよう

人はそれぞれ異なった考えをもっています。したいこともそれぞれ異なります。自分がしたいことと、相手がしたいことが一致すれば楽ですが、いつもそうとは限りません。むしろ違うことの方が多いと言えます。ですから、自分が何かしたいと思ったために、まわりの人と対立が起きることはしかたがないことです。

でも、人と対立するのは、うれしいことではありませんね。対立を明らかにしたために、ケンカになってしまったり、人間関係にヒビが入るかもしれません。そこで、できれば対立を避けたいと思うようになるのです。

マンガのケースでは、部長たちは「ポスターづくりを全員でやりたい」という欲求をもち、アユミたちは「ポスターづくりではなく、個人的にイラストが描きたい」という欲求をもっていました。両グループには欲求の対立があるのです。

はじめ、アユミたちは話し合うことを避けて、退部するという解決策を選びました。自分たちの欲求は満たしたいが、部長たちとの対立をはっきりさせるのはイヤだと考えたからです。できるだけ相手とぶつからずに自分たちの欲求を満たす方法を考えたわけですが、対立は避けられても人間関係が壊れることを先生に指摘されました。

部長たちは理由もわからず仲間が去っていってしまうのですから、とても傷つくでしょう。この解決策は、部長たちを尊重する行動とは言えません。

対立は起きて当然

前にもお話ししましたが、日本の社会には、対立が起きたりして調和が乱れることをできるだけ避けようという傾向があるので、おだやかな人間関係を保つことが重んじられます。ですから、対立ははっきりさせない方がいい、対立するのは悪いことだと考える人がとても多いのです。

しかし、対立を避けても、いい関係が保たれるとは限りません。表面上はおだやかな関係に見えても、どちらかがガマンしたり、問題を先送りにするだけだったりしているはずです。

人は一人ひとり違う個性をもっているのですから、他人と共に生きている以上、対立は起きて当然です。大切なことは、対立をどのように解決するかということです。

対立自体が悪いことではありません。対立をうまく解決できないから、一方、あるいは双方が傷ついたりするのです。うまく解決できれば、相手との関係はよりよいものになります。

対立を恐れるあまり、対立がなかったことにしようと自分の心にウソをついたり、対立から逃げるために、したいことをガマンすることはないのです。対立があることを認めましょう。

勝負なし法が役に立つのは欲求の対立

「誰かと対立すると思われる出来事」を解決するために最初にすることがあります。それは、自分の心にあるのが「欲求の対立」なのか「価値観の対立」なのかを考えることです。**勝負なし法**は、欲求の対立の場合に、効果のある解決法です。価値観の対立の場合、どうしたらいいかは6章で説明します。

欲求の対立と価値観の対立の見きわめ方

「欲求の対立」なのか「価値観の対立」なのか、この2つの見きわめ方は、3部構成の**対決のわたしメッセージ**がつくれるかどうかでわかります。

では、アユミはどちらの対立だったのでしょうか？　**対決のわたしメッセージ**をつくってみましょう。

相手の〔行動〕→「部長たちがポスターづくりだけの部活動を進める」

自分への〔影響〕→「やりたいイラストづくりができない」

自分の〔気持ち〕→「つまらない」

このように3つの要素がそろったので、アユミの場合は「欲求の対立」だと言えます。

「価値観の対立」は、3要素のうちの〔影響〕がありません。たとえば「友だちが煙草を吸い始めた。未成年だし、よくないと思う。だからやめてほしい」というケースの場合。

相手の〔行動〕→「煙草を吸う」

自分の〔気持ち〕→「心配だ」

2つの要素はありますが、自分への具体的な〈影響〉はありません。ですから、このケースは「価値観の対立」です。

同じように、友だちに煙草をやめてもらいたいと思うケースでも、たとえば、自分への影響として友だちの煙草の煙でむせてしまい、苦しい。だからやめてほしいという場合は、どうでしょうか。

相手の〈行動〉→「煙草を吸う」
自分への〈影響〉→「煙草の煙でむせる」
自分の〈気持ち〉→「不快、苦しい」

この場合は具体的な影響があるので、欲求の対立になります。

対立はケンカではない

あなたは「対立する」ということばから「争い」や「ケンカ」を連想するのではないでしょうか。でも「対立」と「争い」や「ケンカ」は違います。対立を勝ち負けで解決しようとするから、争いが起きてケンカになったり、傷つけ合ったりするのです。

どちらも傷つかない解決法が、**勝負なし法**です。対立の解決法は、第一法、第二法第三法の3つあります。**勝負なし法**は第三法ともよんでいます。

第一法は攻撃型の解決方法

まず第一法は、「攻撃型」の解決方法で、「自分が勝つ」方法です。自分の欲求がかなうような解決策で問題を処理しようとします。勝つために権力を使うこともあります。自分の方が権力をもっていると思える場合には、この方法で解決しようと思いがちです。この方法だと自分の欲求はかないます。でも相手は不満を抱えます。第一法は、相手を大切にしない解決方法です。

・第一法の例

①サッカー部の後輩がこの頃、練習時間に遅れます。部長が今度遅れたら試合には出さないと脅かして、時間を守ることを約束させました。

②お風呂に入ろうとしたら、幼い妹も一緒に入りたいと言い出しました。自分はひとりでゆっくり入りたいので、「言うことを聞かないと、読みたがっていたマンガを貸してあげないよ」と言って、ひとりで先に入りました。

第二法は ひっこみ型の解決方法

次に、第二法は「ひっこみ型」の解決法で、「相手が勝ち、自分が負ける」方法です。対立を恐れて、自分の欲求をガマンするので、相手に対する不満や恨《うら》みが心にわきます。負けてしまった自分に対して自己嫌悪にもなります。自分を大切にしない解決法です。

　たとえば、次のような解決法は第二法です。

①友だちにお金を貸したのですが、返してもらえません。返してほしいと言いたいのですが、「借りてないよ」と反発されるのが怖くて、言えずにガマンしています。

②漫画研究会で、ポスターコンクールに出展しようという意見が出ました。部長や先輩たちがとても乗り気だったので、アユミは反対意見が言えず、ポスターづくりに参加しました。

この②が、アユミたちが部活動に不満をもつようになった背景の出来事です。この話し合いのとき、アユミたちは先輩にきらわれるのが怖くて「ひっこみ型」の行動をとったのです。でも、やりたいことができない現実は大きなストレスになりました。その結果「退部して新しい部をつくろう」という案を考えるにいたったのでした。この行動は、前にもお話ししたように、何も知らない部長たちを傷つける「攻撃型」の行動です。

自分が言えなくて負けたのであっても、負ければ不満がたまります。不満がたまると解消したくなるのが人間です。だから、相手の陰口を言ったり、仕返しをしたくなります。ひっこんだがために「攻撃型」の問題解決をすることになってしまいます。

第三法が率直型の解決方法

第一法でも第二法でもなく、「率直型」の解決法で「どちらも勝たず、どちらも負けない」方法を「第三法」＝「勝負なし法」と言います。率直に気持ちを伝えて、双方が納得できる解決策を協力してさがします。

お互いの異なる欲求を出し合うのですが、相手を打ち負かし、自分の欲求を押し通すための〝バトル〟ではありません。お互いの欲求がかなう道をさがし出すための話し合いです。自分が勝つことも負けることもない〝勝負なし〟の方法です。

第5段階

母の1ヵ月の勤務表に基づいて、当番表をつくり冷蔵庫に貼る。

第6段階

1ヵ月が経過したが、うまくいっている。

ミキの感想

お母さんに対しては「攻撃型」で言ってケンカになってしまい、お兄ちゃんは怖かったので「ひっこみ型」になっていたと思います。勝負なし法の話し合いのやり方を知ったので、やってみたら、じょうずに話ができたので驚きました。お兄ちゃんのことを怖いと思っていたけど、怖くなかったので、これからいろいろ話をしようと思います。当番表を見た父が、「お父さんも何かしなきゃ悪いかな」と日曜日にご飯をつくってくれました。お母さんがとても喜んでいます。ユーウツだった夕食が楽しくなりました。

ふふふ
お兄ちゃん あたしより じょうずになったりして

やってみました！ 実践例

夕食当番をうまく決めたい

ミキ（高２）は４人家族です。会社員の父、看護師の母、大学生で３歳年上の兄のサトル、そしてミキです。父の帰宅時間は遅いので、平日は３人で夕食をとりますが、この夕食の支度がミキの役目なのです。

母は勤務の都合で８時頃帰宅する日があり、その日はミキに支度や片付けを手伝うように言います。「なんでお兄ちゃんは手伝わないのに、わたしはやらなきゃいけないの！」と抗議すると、「ミキは女の子なんだからいいでしょ。お母さんは疲れてるんだから、気持ちよく手伝ってよ！」と言われてしまいます。たしかにお母さんは大変だとミキも思います。一日立って働いて、帰宅するなり夕食の支度をするのはつらいだろうとも思います。でも兄は好きなことをしていて、自分だけ手伝うのは納得がいきません。そこで母の帰宅が遅い日の夕食づくりについて、３人で話し合うことにしました。

第１段階

ミキの欲求　「兄と平等に扱ってほしい」

母の欲求　「自分の帰宅が遅い日は子どもたちが夕食の支度をしてほしい」

サトルの欲求　「手伝ってもいいが、時間を長く使いたくない」

第２段階／第３段階

	ミキ	サトル	母
①夕食はミキがつくる。	×	○	○
②夕食はサトルがつくる。	○	×	○
③惣菜《そうざい》や弁当を買ってくる。	△	△	×
④外食にする。	○	△	△
⑤食事づくりと片付けを分担する（つくらなかった人が片付ける）。	○	○	○

第４段階

母が遅い日はミキとサトルが順番で夕食をつくる。その場合は、母が片付けをする。母がつくる日は子どもたちが順番で片付けをする。みんな時間がない日は母が惣菜や弁当を買って帰宅する。

COLUMN

3つのRで不安を乗り越える

不安になるのは当然

この本では、「率直型」のコミュニケーションにチャレンジしている中学生や高校生を紹介しています。でも、自分にはムリ。言うのは怖いし…と思っている人もいるのでは？　実際に「言う勇気が足りなくて言えない」という相談をよく受けます。

率直型になるということは自分の内面を見せていくことですから、「こんなこと考えてるってわかったらきらわれるかもしれない」「相手がすごく怒るかも」などと、不安になるのは当然です。

不安であることを認めてしまおう

不安という感情は、自分に起きるかもしれない危険や恐怖を知らせる働きをしています。だから、身を守るためにもこの感情は人間にとって必要なものです。でも、あまりに不安が強すぎると、せっかくのチャンスを逃すことにもなります。

10代の頃は、特に不安が大きくなる時期です。「まわりの人からどう思われているのだろう」「進路はどうしよう」など、不安なことだらけの毎日かもしれませんね。

不安になったとき、あなたはどうしていますか。不安になるのがイヤで、やりたいことをあきらめたりしていませんか。でも、それでは心は晴れませんね。不安な気持ちはなかったことにするより、不安であることを認めて、それを乗り越える努力をした方がいいのです。

不安を乗り越える3つの方法

不安を乗り越えるには、次の3つの方法がとても効果的です。

（1）Readiness《準備》

（2）Rehearsal《リハーサル》

（3）Relaxation《リラックス》

この3つの方法を「3R」と覚えておきましょう。何かを実行したいけれど、不安に思えるときには、よく準備して、練習して、緊張をほぐしてからやります。この方法を、すでに使っている人は多いと思います。

たとえばブラスバンド部の部長タロウは、演奏会の数ヵ月前から選曲や練習などの《準備》をし、本番に向けて《リハーサル》をし、演奏前には深呼吸して《リラックス》します。すると緊張していても、気持ちよく演奏できます。

このように3Rを順番にやっていくと、不安につぶされそうな気持ちが落ち着いていきます。自己表現する場合も、これと同じ方法が効果的です。

わたしメッセージをつくり、いつ言うかも考え、相手の抵抗を受ける場合も想定して、**きりかえ**の練習もしておけば、不安が小さくなって言う勇気がわいてきます。

不安を乗り越える経験が大事

不安を乗り越えて何かを達成できたら、自分に対して自信がわいてきます。すると、次の不安なことも乗り越えてみようかな、という気持ちになります。このような経験を重ねていくうちに、自分に自信がもてるようになり、自分を好きになって、自分を大事にしようと思えるようになるのです。この気持ちを「セルフ・エスティーム（自尊感情）」と言います。自分らしく輝いて生きていくために欠かすことができないこの「セルフ・エスティーム」を高めてほしいと思います。

ここで紹介した3つのRは、自己表現だけでなく、さまざまな不安に対して使うことができます。不安になったときには、3つのRで不安な気持ちを減らし、いろいろなことにチャレンジしてみてください。

考えてみよう

「本当の欲求」

相手と対立したとき、自分の本当の欲求は何なのか、よく考えてみましょう。

アユミたちは漫画研究部をやめたいという欲求をもっていると考えて先生に相談しに行きました。でも、本当の欲求は「やめたい」ではなく「自分たちの好きな絵が描きたい」だったのです。「やめる」は解決策のひとつです。私たちは、解決策を自分の欲求だと考えがちです。

・「ケーキが食べたい」→〈本当の欲求をよく考えると〉→「とても疲れたので何か甘いものがほしい」

・「自分の部屋にエアコンを取りつけてほしい」→〈本当の欲求をよく考えると〉→「暑いので涼しい環境がほしい」

・「アルバイトがしたい」→〈本当の欲求をよく考えると〉→「新しいケータイに買いかえるためのお金がほしい」

このように、自分の本当の欲求は何か、よく考えてみましょう。そして相手の本当の欲求は何か、しっかり聞きましょう。

ささいな欲求から、将来に関する大きな欲求まで、自分のなかには、たくさんの欲求があることに気づくのではないでしょうか。

前にも欲求を知ることの大切さについてお話ししました。欲求は「自分らしさ」なのであり、自分らしく生きていくためには、大切にしたいものなのです。対立を恐れて、自分の欲求を封じ込めてしまっては、かけがえのない存在である自分を大切にして生きているとはいえません。自分の欲求に気づいたら、顔をあげて、率直に伝えてみませんか？ **勝負なし法**が、それを手伝ってくれることでしょう。

第6章

タイプが違う子ともなかよくなれる

——価値観の対立をとく方法——

これっていじめ？

うちのクラスには女子が17人いて
2グループに分かれています
おはよーサヤカ一緒に行こ
おはよーリョウコ
サヤカ 中2
リョウコ

サヤカー リョウコ
スズ おはよー
あのさー
スズ
うちのグループ 今日から マリとは つきあわないことに したからね
サヤカもリョウコも マリと話とかしたら ダメだよ!
え… なんで!?
マリは 同じグループ じゃない
だってあの子 最近 ひどくない?
人に迷惑 かけてさ むかつくし
えー ダメだよ それって イジメじゃない…

イジメなんかじゃないよ！
みんなもマリはイヤだって言ってるし
だからつきあったらダメだよ！
えー
ハブ*なんかしたら
マリがかわいそうだよ
そう…
わかった
サヤカはあたしの気持ちわかってくれると思ったのに…
じゃーね
ねえ…サヤカ これってまずくない!?
うん… この頃ちょっと変な感じだとは思ってたんだ…
マリはのんきだから活発なスズはイライラするのかな…?
うん！ うん！ そんな感じする

でもさ…
たとえ不満があってもスズのやり方はダメだよ
マリがかわいそすぎるし
うん…
これってイジメだと思うけど…
スズはそうじゃないって言ってたよね…
スズは強いしハブなんかやめようって言っても聞いてくれないよねぇ…
でも…このままじゃまずいし…
どうしよう…

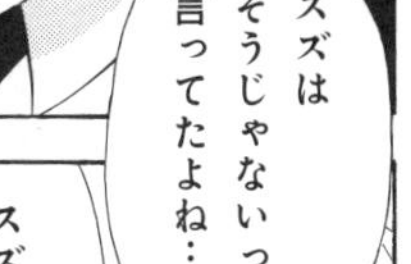
こんなときどうする？

なぜ、サヤカの思いはスムーズに伝わらなかったのでしょうか？　それは、ふたりの思いの違いが価値観によるものだったからです。

人はそれぞれ異なる価値観をもっています。そしてその価値観を基にして意見を言うのです。相手の価値観を理解しようとせずに意見を言っても、相手はその意見を受け入れようとはしません。

サヤカが「ハブはイジメだ。かわいそうだ」と言っただけでは、スズにはサヤカの思いが伝わらないのです。サヤカの思いはスズには理解されないため、スズは自分の行動を変えようという気持ちにはなりません。

＊ハブ……仲間外れにすること

価値観の対立って何だろう？

自分に影響がなくても イヤだと思うこと

　価値観が異なって対立が起きたときには、よく話し合って解決策をさがすための、**価値観の対立をとく方法**が効果的です。この方法を使うには、まず価値観の対立とは何かを知っておく必要があります。

　欲求の対立のところでも少し説明しましたが、価値観の対立の場合、**対決のわたしメッセージ**を伝えようにも、相手の行動が自分に与える具体的な影響がありません。

マンガで言えば、サヤカは、マリがグループから追い出されることは残念だと思っています。また、どのような理由があっても一方的に無視などするのはイジメなので悪いことだと思っています。しかし、マリがみんなに無視されても、サヤカが具体的に困ることはありません。

　5章で説明したケースは、欲求の対立でした。だから「部の全員でポスターの制作活動をする→イラストを描くことができない」といったような具体的な影響がありました。でも、サヤカにはないのです。このように、わたしたちはたとえ自分が困らなくても、イヤだ、受け入れられないと思う場合があります。これが「価値観の対立」です。

わたしメッセージでは効果がない

価値観の対立の場合に、**対決のわたしメッセージ**を伝えても、効果的ではありません。たぶん、スズは「別にあなたに迷惑かけるわけじゃないんだからいいじゃない」と思うので、自分の行動を変えようとはしないでしょう。

また、サヤカは友だちのイジメにつながる行動がグループのなかで起きるのはとても悲しいことであり、イヤだと思っています。そこで「かわいそうだよ」と言いましたが、スズは自分の方が被害者だと考えているので、その行動はイジメではないと思っているようです。だから、サヤカの気持ちはわかってもらえません。

価値観を大切にする行動とは

人はそれぞれ異なった価値観をもっています。人生観、道徳、宗教といった大きなことから、洋服や食べ物などの好みのような小さなことまで、それらに対する考え方や感じ方はさまざまです。そして、その価値観は、自分を支えるとても大切なものです。たとえひとりだけまわりとは異なる価値観をもっている場合でも、その価値観は守られなければなりません。それが一人ひとりをかけがえのない存在として尊重するということだからです。では、価値観が異なった場合、自分も相手も大事にするにはどのような行動をとればいいのでしょう。

サヤカとスズのグループのなかで、サヤカ以外の全員が「マリとつきあわないことはイジメではない」と考え、サヤカただひとりが「一方的につきあいをやめるのはイジメだ」と考えたとしましょう。つまりサヤカは「イジメ」に関して、仲間とは異なる価値観をもっているわけです。

サヤカが「ひっこみ型」ならば、自分の価値観を大切にせず、イヤだと思いながらも仲間と同じようにマリを仲間外れにする行動をとるでしょう。「攻撃型」ならば、スズの価値観を否定して「ハブはイジメだ。そんなことするなんて最低だ」などと非難して、ケンカになったり、サヤカが攻撃を受けたりするでしょう。「ひっこみ型」「攻撃型」のどちらの行動も、かけがえのない存在である自分、そして相手を大切にして、価値観の対立をとこうとするものではありません。

お互いの価値観を尊重するには、「率直

型」で、どのように行動すればいいのかを話し合います。かけがえのない存在である自分を大切にして生きたいと願うのであれば、自分の価値観を大切にする努力が必要です。サヤカのように、仲間のなかで自分ひとりだけが異なる価値観をもつという場合もあります。それでいいのです。それが「自分らしさ」なのですから。ただし、その価値観を相手に押しつけたのでは、今度は相手を尊重していないことになります。

価値観の対立をとく5つの方法

人は通常、自分の価値観をなかなか譲《ゆず》ろうとはしません。だから、友だちとの間に価値観の違いによる対立はよく起きるし、解決も難しいのです。でも、解決が難しいからといって、「ひっこみ型」や「攻撃型」の行動に留《とど》まってしまったのでは、友だち関係は発展しません。

価値観の対立をとく方法としては、次の5つの方法があります。

（1）相手と自分の価値観の違いをはっきりさせる
（2）自分の価値観が変わる
（3）価値観はそのままに、相手の受け入れられない行動について話し合って問題解決する
（4）相手の価値観に影響を与える
（5）人間関係を変える

価値観の対立をとく方法を使ってみたら
スズー
マリのこと
なんだけどね
さっき
むかつくって
言ってたじゃん
なんで?
何か
イヤなことが
あったのかな?って
思ったんだけど…
なんかわけが
あるんでしょ
よかったら
話して
くれないかなぁ…
いいけど…
方法1
*1
あたしは
急にムシとか
するのは
イジメだと
思うんだぁ
えー…
イジメじゃ
ないよ

価値観の対立をとく方法を使ってみたら

お互いに自分の価値観は守りたいものなので、価値観の対立が起きると、友だち関係がこわれてしまいがちです。でも、コミュニケーションのとり方がうまくいけば、考え方や感じ方が違う人とでも、対立をとくことはできます。価値観の対立をとく方法の1から4を使いましょう。

方法1
相手と自分の価値観の違いをはっきりさせる

これは宣言のわたしメッセージで自分の価値観を伝える方法です。

＊1　宣言のわたしメッセージ
サヤカは「急に無視するのはイ

だって マリの方が 悪いんだから 当然だよ
だらしないのよね あの子…
ごめーん
えへへ…
貸してあげたもの 平気でなくすし 約束は忘れるし…
＊2 そう… スズは いろいろ 迷惑してるんだ…
そうだよ この前なんか どうしてもって 貸してって 言うから 気に入ってる コミック貸したんだ…
すごく汚して 返してくるしさ もう最悪だよ
＊3 相当イヤなことが あったんだね だからもう つきあいたく ないってわけだね
そうよ もう限界だよ あっちが原因 つくるんだから つきあいを 切っても イジメじゃないよ
＊4 そうか… スズは ハブでも イジメじゃ ないって 考えなんだ！

ジメだ」という自分の価値観を伝えました。

＊2、3、4　能動的な聞き方

スズは「自分が迷惑をかけられている場合は、つきあいをやめることはイジメにはならない」という価値観をもっているようです。それがはっきりしました。ふたりの価値観が違うことがわかりました。

方法1で解決しない場合は、方法2に進みます。

方法2
そうよ 言ってみれば 正当防衛でしょ! サヤカも そう思わない?
正当防衛かぁ… マリと つきあわなければ イヤなことが 起きないってことね… だからグループから 出すってわけかぁ…
そうよ 別に悪いことじゃ ないもの
でも[*5] あたしは やっぱりそうは 思えないよ…
説明もなく グループから 追い出すようなことは したくないなあ…
方法3
迷惑[*6]をかける人は グループにいない方が いいっていう スズの考えは そのままでいいから
急に話さないって いうのは やめられないかなぁ?
それは ムリでしょ

方法2
自分の価値観が変わる

　相手の話を聞いて、その価値観が理解できると、自分の価値観を見直そうという気持ちになります。

　スズは「自分を守るためにはマリとはつきあわない。それには、マリがグループにいなければいい」という価値観をもっています。サヤカはその考え方を理解することはできましたが、マリを無視してグループに居づらくし、その結果グループから追い出すというやり方には納得できませんでした（＊5）。

方法3
価値観はそのままに、相手の受け入れられない行動について話し合って問題解決をする

そう…
もうガマン
できないんだね
――うん…
わかった
でも
ハブは
まずいでしょ
じゃあ
どうしたら
いいのよ?
方法4
*7
マリに
話してみたら
どうかな?
スズに迷惑に
なるようなことを
マリがしなければ
いいわけでしょぉ?
マリは
自分がスズに
迷惑かけてるとは
気づいてないと
思うのよー
*8
だから
「スズが困ってるんだ」
って
伝えたら
いいんじゃない!?

*6　サヤカはスズに違う行動をとれないかと提案しました。仲間外れにするという行動は避けたいサヤカ。一方、スズは仲間外れしか自分を守る手段はないと考えています。方法3でもよい解決策は見つかりませんでした。

方法4
相手の価値観に影響を与える

これには「模範を示す」と「コンサルタントになる」の2つのやり方があります。

サヤカはコンサルタントになって、新たな解決策を示しました(*7、8)。

悪*9いって気づけばマリはやめてくれるよ！
あたし前にそういうことあったからわかるんだ！
ふーん…わかった
じゃあとにかく急にハブにするのはやめるよ
よかったそれじゃ一緒になんて言うかを考えよう！

＊9　情報を伝える

価値観の対立をとく4つの方法は、方法1から順番にやってみましょう。やりやすい順番になっています。

サヤカの場合、方法1から3ではスズとの対立をとくことはできませんでした。でも、順を追ってじっくり話し合うことによって、方法4で、スズが急にマリを仲間外れにするという行動を防ぐことができました。わたしメッセージで率直に自分の気持ちを伝え、能動的な聞き方で相手の気持ちを受け止めることが、スムーズな話し合いのためのポイントですね。

価値観が異なる人と友だちになると、新たな見方・感じ方に触れることができます。自分の世界が広がっていく楽しさも体験できますよ。

お互いの違いをはっきりさせよう

価値観の違いをはっきりさせるには

価値観の対立をとく方法について、くわしく説明しましょう。まず、1番目の「相手と自分の価値観の違いをはっきりさせる」ためには、**宣言のわたしメッセージ**で自分の価値観を伝え、**能動的な聞き方**で相手の価値観を聞きます。サヤカたちの場合も、価値観の違いをお互いに確かめることができましたね。

相手の話をよく聞き、相手の価値観をよく理解できると、なるほどそういう考えもあるんだなと納得したり、その考えはいいなと思ったりすることがあります。これが2番目の「自分の価値観が変わる」ということです。

たとえば、「クラシック音楽はつまらないと思っていた。しかし、クラシックファンの友だちがCDを貸してくれたり、コンサートに連れていってくれたりして、おもしろさがわかったら好きになった」というのは、価値観が変わったということです。

行動を変えられないか話し合う

3番目の「価値観はそのままに、相手の受け入れられない行動について話し合って問題解決する」というのは、どういうことでしょうか。

マンガのケースで見てみましょう。サヤカがスズや仲間の価値観を非難して、マリの仲間外れを止めようとしたら、ケンカになってサヤカはグループにいられなくなるでしょう。相手が価値観に基づいてやっている行動が自分にとって迷惑になるものだったとしても、その行動を無理やりやめさせようとすると友だち関係は壊れます。

お互いの価値観を変えられない場合は、価値観はそのままにして、行動を変えられないかを話し合います。

たとえば、親友は友だち同士のお金の貸し借りはOKと考えているのですが、自分は親から厳しく禁止されているのでイヤだと思っています。ときどきお金を忘れたから貸してと頼まれるので困っているとします。この場合、話し合って、友だちの価値観はそのまま尊重するものの、自分とはお金の貸し借りをしないということを提案して、これからは頼まないと約束してもらいます。

模範を示して影響を与える

4番目の「相手の価値観に影響を与える」方法は、2つあります。ひとつは「模範を示す」ということです。何かを習得しようとするとき、まず模範を見るととてもスムーズに学習を始めることができます。

赤ちゃんがことばを話せるようになるのは、親やまわりの人のことばを聞いているからできるようになるのです。あなたもたくさんの模範を見て育ってきたことでしょう。

「模範」はとても大きな影響力をもっています。ですから、自分が相手に模範を示して相手の価値観に影響を与えると、相手が行動を変えてくれる場合があります。

実例を紹介しましょう。Aさんは、アルバイトの友人Bさんが、申し送りの記録を乱雑な字で書くので、読みにくくて苦労しています。Aさん自身は、常にていねいに書きます。その記録を見て、ほかのアルバイト仲間や上司が読みやすいとほめてくれました。ある日、きれいに書いたAさんの記録を見ながらBさんは「読めればいいと思っていたけど、きれいな字だと読みやすいね。まわりの人も喜ぶから、僕もていねいに書くことにするよ」と言ってくれました。

このように、模範を示すことで相手の行動が変わることがあるということです。

コンサルタントになって影響を与える

相手の価値観に影響を与えるもうひとつの方法は、「コンサルタントになる」ということです。サヤカはマリの問題をこの方法で解決しています。

コンサルタントとは問題の解決策を教えてくれる人です。ふつうは困っている人が、コンサルタントに相談に行くのですが、この場合は違います。困っている人（サヤカ）が、相手（スズ）の価値観に影響を与えて行動を変えてもらうために話をします。

サヤカは「一方的に仲間外れにするのはイジメだと思う」という自分の価値観を伝えた後、「（わたしは）説明もなく、グループから追い出すようなことはしたくない」と、**わたしメッセージ**で自分の考えを伝えました。そして「理由がわかれば、マリは人を困らせるような行動をやめてくれた」

と経験を言いました。このように自分の考えや経験、あるいはたしかな情報を伝えることによって、相手が行動を変えてくれるように働きかけます。

人間関係を変えることもひとつの方法

さて、最後の5番目は、「人間関係を変える」です。これは、マンガでは出てきていない最終手段です。これは、**わたしメッセージ**で思いを伝え、模範を示したり、コンサルタントになる努力をしたりしても、価値観の対立がとけない場合もあります。そういうときは、その人との関係をおしまいにするのも解決法のひとつです。

たとえば、ピアノを習っているとします。ピアノは好きですが、先生と相性があわないと思えてこの頃レッスンが楽しくありません。そこで、その先生の元を離れて、違う先生に習いにいくことにします。これも人間関係を変えることによる解決策です。

サヤカの場合も、スズや他のメンバーと話し合いをしたものの、マリを仲間外れにするという行動をやめようという結論にならなかった場合には、サヤカがグループを離れるという解決策があります。

グループから離れるのは勇気が必要です。でも、自分がよいと思えない行動を続けなければならない仲間と一緒にいることは、楽しいことではありませんね。納得できない友だちづきあいを続けるより、その仲間とは離れて、自分を大切にしていられる仲間を見つけることも、ひとつの方法と言えるでしょう。

大切にしたいもの、それが価値観

あなたにとって大切にしたいものは何ですか？　以前、中学3年生にたずねたところ、命、家族、友だち、自分、お金などいろいろなことをあげてくれました。「人を思いやること」など、事柄で答えてくれた人もいました。

　また、同じことをあげた人でも、それを大切だと思う理由は異なりました。何を大切に思うかというところにも、自分らしさはよくあらわれます。

　学校の先生や友だちの影響があるかもしれません。誰に言われたわけではないけれど、自分がそう思うからかもしれません。どちらにしても心から大切にしたいと思うもの。それがあなたの価値観です。

話すと聞くのきりかえを

　価値観の対立をとく5つの方法は、原則として1番目の方法から試してみます。しかし、前章の**勝負なし法**とは違って、1番目の方法から順を追ってやらなくてはならないものではありません。抱えた問題にあわせた方法を使っていいのです。

　気をつけてほしいのは、どんなときも相手の言い分にはしっかりと耳を傾けるということです。話すと聞くの**きりかえ**をして、お互いが気持ちよく話し合えるようにしましょう。

シンジ「待ち合わせの時間のことなんだけどさ。サトコはケータイで遅れるって連絡したらだいじょうぶって思うんだよね」

サトコ「遅れるのはいいことだとは思ってないけど、しかたないときもあるし…連絡がつけばいいんじゃないの？」

シンジ「サトコの考えはわかったけど、僕は待つのはイヤなんだよ。ケータイで連絡してくれたら心配はしないけど、時間の無駄になるし…」

サトコ「そうなんだ…友だちとは連絡がつけば遅れてもだいじょうぶってことになってるから、あまり気にしてなかったんだ。でも、シンジは違うんだ。時間が気になるんだね」

シンジ「うん」

サトコ「わかった。これからシンジと会うときには時間を守るようにするね」

シンジ「うん。ありがとう」

シンジの感想

サトコと自分とで時間に対する考え方が違うということがわかり、自分がガマンすればいいのかな、とも思っていました。でも、それではせっかくデートしてもイヤな気分になると思って話し合うことにしました。話し合ってからは、サトコは時間に遅れることはないので、イライラしないで楽しくデートできます。話してみてよかった。

やってみました！ 実践例

彼女がデートで遅れないようになってほしい

シンジ（高１）は、ずっと好きだったサトコと１ヵ月前からつきあいはじめることができて、いまとても幸せな気分です。でもひとつだけある悩みは、サトコとの時間に対する考え方の違いです。

デートのとき、いつもシンジは待たされます。サトコから携帯に「10分遅れるから、ごめんね」と連絡は入るのですが、それがいつもだと、とても時間を無駄にしているようで気になります。これは、時間に対する価値観の対立だと考えたシンジは、サトコと話し合いをすることにしました。

シンジ「待ち合わせするとき、サトコはいつも遅れるよね」

サトコ「あ、ごめんね、遅れて。でもちゃんとケータイで連絡してるじゃん」

シンジ「遅れるって連絡したらいいってサトコは思うんだよね。たしかに、連絡してくれてるのはいいんだけど、やっぱり待ってるわけじゃん。僕は、時間の無駄だと思うんだよね」

サトコ「わたしだって、ちゃんと時間に間に合うように行こうと思うんだけど、なんか遅くなるんだよね」

話をすることによって、シンジは「待ち合わせの時間は守るべきだ」という価値観で、サトコは「ケータイで連絡すれば遅れてもよい」という価値観だということがはっきりしました。ふたりのこの価値観の違いがあるため、いつもシンジはイライラしていたのです。

シンジは自分が価値観を変えて、連絡があれば待つというサトコの考えを受け入れようと思いましたが、やはりどうしても時間の無駄に思えて納得できませんでした。そこで、サトコに提案しました。

クラスに居場所がありません

Q&A

Q　いまクラスでなかよくしているグループのメンバーは、一緒にいると楽しいのだけれど、この頃自分の居場所ではないような感じもするのです。話題は、人のうわさ話やドラマのことばかり。わたしは社会問題のことかにもけっこう興味があって、そんな話もしたいのですが、みんながしらけそうで、怖くて言えません。

A　仲がよい友だち同士でも、興味があることがすべて同じということはありません。みんなそれぞれ少しずつ違うはず。でも、違いをはっきりさせてはいけないように思えて、それぞれ、自分が本当に興味があることを言い出せないような場合もあります。おだやかな関係が保たれていて、いい感じに見えるかもしれません。でもありのままの自分を見せられないような状態では、本当に満足できる友だち関係とは言えませんね。

まずあなたから、**宣言のわたしメッセージ**で自分の興味あることを伝えてみませんか。そうしたら、誰かが「わたしもそれ関心がある」と言ってくれるかもしれません。

もし、誰もあなたに共感してくれず、あなたがここは自分の居場所ではない、と思えたのなら、関係を見直すよいチャンスかもしれません。**価値観の対立をとく方法**の1から4を試してみて、それでも自分らしくいられる仲間ではないと思ったら、次にできることは5の方法です。グループにこだわらず、自分と話があう子をさがしてみませんか。

見直してみても変わらない価値観なら、大切にしましょう。それがあなたの個性、あなたの「自分らしさ」なのですから。「みんな一緒」も楽しいけれど「ひとり」もいいな、と思えるようになれたらいいですね。

第7章

大切な友だちが悩んでいたら

――援助的な聞き方――

友だちを
助けてあげたいのに
この頃
彼氏とよく
ケンカするんだ
え…
なんで？
マドカ
ユウ 中3
メールが来たら
すぐ返信しないと
怒るんだよ
え――
それって
わがまま
なんじゃない
マドカは
小学校からの
なかよし
同じ中学になって
クラスは違うけど
いつも一緒に
通学しています
ほうって
おいた方が
いいよ！

ムリだよ
そんなことしたら
もっと怒るもの
そうかなぁ?
マドカは
人がよすぎるよ
もういいよ
この話
なし
なし!
……
ラスバンド
活動中
マドカは
大切な友だちだから
助けになりたくて
アドバイスを
したのに
かえって
怒らせちゃったみたい…

ガラッ
ふう…
もう がっくり…
どうしたの ヨウコ?
いま 進路の面談だったんだぁ もう最悪
先生ったら キツイんだよ この成績じゃ 第1志望なんて ムリって 言われちゃった
え── 大変じゃん
そうだよ やばいよ… お母さんが知ったら 怒るだろうなぁ
んじゃ だまっときなよ
そんなこと できるわけ ないじゃん
隠したって いつかバレるし…
ま…そうだね でも いまへこんでても しょうがないじゃん 元気出しなよ いまからでも がんばれば なんとかなるよ!

グスッ
そんなのムリよ! いままでだってがんばってたんだもの…
グスッ
えー…
!!
あたし一生懸命なぐさめたのに
なんで泣いちゃうの…!?
なんかまずいこと言ったかな?

こんなときどうする?

ユウはいい援助ができませんでしたね。それは、相手が求めていないことをやっているからです。マドカもヨウコも胸につまった思いを聞いてほしかっただけなのです。それなのに、ユウはアドバイスしたり、なぐさめたりしてしまいました。それでマドカは不機嫌になり、ヨウコはますます落ち込んでしまったのです。

家族、友だち、恋人など大切な人が悩んでいたら、助けたいと思います。そういうときは、援助的な聞き方が効果的です。悩んでいる相手のそばにいて、その話をじっくり聞きます。聞くことによって、相手が自分で悩みを解決するのを助けるのです。

効果がない対応をしていませんか

問題を解決できるのは本人だけ

　あなたは友だちが悩んでいたり、落ち込んでいるとき、どのようなことばをかけますか。まず、左ページで自分ならどういう対応をするか、チェックしてみましょう。

　人間は、大切な人が悩んでいる姿を見るのはつらいことなので、なんとか早く解決したらいいなと思うものです。相手が抱えている問題を解決してあげたくなります。その心の動きが、この12の対応を引き起こします。でもなぐさめたり、励ましたり、アドバイスすることも、効果的とは言えないのです。

　あなたが悩んでいるとき、友だちや親から「こうしたらいいよ」とか「あの方法にしなよ」とすすめられても、納得できなければ試す気にもなれませんよね。156ページのユウは、「ほうっておいた方がいいよ!」とアドバイスしたために、マドカを不機嫌にしてしまいました。マドカは「ほうっておけないから困っているのに! もうユウに言っても無駄」と思ったのかもしれません。

　問題を解決するために行動するのは、その問題を抱えている本人です。本人が自分にとって一番やりやすい解決策を考えたり、選んだりした方がスムーズな問題解決につながるのです。

チェック✓

あなたならどんな対応をする？

ヨウコは先生との面談後「この成績では第1志望はムリと言われた」と落ち込んでいましたが、あなたならヨウコになんと言いますか。

1 □ 「しっかりしなよ」
2 □ 「そんなにへこんでたら、第2志望まで危なくなるよ」
3 □ 「ムリだって言われたんだから、早くあきらめて立ち直るべきだね」
4 □ 「いまの塾よりわたしが行ってるところの方がいいよ。一緒に行こうよ」
5 □ 「勉強のやり方が悪いから、成績が上がらないんだよ」
6 □ 「トップ校なんて志望するからよ」
7 □ 「ヨウコは頭いいんだからさ、勉強すればなんとかなるよ」
8 □ 「先生に1回言われたくらいでへこんじゃうの。だらしないなぁ」
9 □ 「英語がきらいって言ってたよね。だからじゃないの？」
10 □ 「先生、超ひどいねぇ。でも、いまからがんばればなんとかなるよ。元気出して！」
11 □ 「どのくらいムリって言われたの？　まったく可能性ないって？」
12 □ 「思いっきりクラリネット吹いたらすっきりするよ」

さあ、どうでしょうか。「わたし、よくこういう言い方するなぁ」という対応はありましたか。これは、じつは効果がない12の対応です。1は「命令・指示」、2は「脅迫・警告」、3は「説教・義務づけ」、4は「忠告・提案」、5は「論理による説得」、6は「批判・非難」、7は「賞賛・同意」、8は「悪口・侮辱」、9は「解釈・分析」、10は「同情・なぐさめ・激励」、11は「尋問」、12は「ごまかし」なんですね。

「聞くこと」には2種類ある

能動的な聞き方

相手の気持ちを自分も感じながら、相手の話の事柄や相手の気持ちを確認するように口にしながら聞く。
ユウが援助的な聞き方をしたら、このようになります。

ユウ
うん
あいづち
（受動的な聞き方）

→

ヨウコ
今日が面談だってお母さん知ってるんだ。だから、絶対聞かれるじゃん。怒られるかなぁ

→

ユウ
そう。お母さんのことも気になるんだ
能動的な聞き方

効果的なのは聞くこと

　どうしたら悩んでいる相手を援助することができるでしょうか。それは「聞く」ことです。161ページの12の対応は、すべて「話す」です。話すのではなく、聞くことが大切なのです。

　こちらが、相手の気持ちを受け止めて、しっかり聞く対応をすると、相手は十分に話すことができます。迷いや心のモヤモヤを全部吐き出すことができたら、すっきりします。そして、これからどうしようかな、と考える気力がわきます。こうした心の動きがあるので、相手が悩んでいるとき

図解⑧ 援助的な聞き方―[受動的な聞き方・能動的な聞き方]

援助的な聞き方には、受動的な聞き方と能動的な聞き方があります。

受動的な聞き方

(1) そばにいる…相手が話し出したら相手を見る
(2) 黙る…自分は話さない
(3) あいづちをうつ…「うん」「そう」「へぇー」「ふーん」など
(4) うながす…「それからどうしたの」など相手の話をうながす

ヨウコ：いま、進路の面談だったんだぁ。もう最悪。先生ったらキツイんだよ。この成績じゃ第1志望なんてムリって言われちゃった

→ ユウ：第1志望がムリってはっきり言われてショックなんだね（能動的な聞き方）

→ ヨウコ：そうだよ。もう がっくり

には、まず「聞く」ことがいい援助なのです。

受動的な聞き方と能動的な聞き方で援助ができる

援助的な聞き方には、**受動的な聞き方**と**能動的な聞き方**があります。**受動的な聞き方**は次のようなやり方です。

①そばにいる：相手が話し出したら相手を見る
②黙る：自分は話さない
③あいづちをうつ：「うん」「そう」「へぇー」「ふーん」などと言いながら聞く
④うながす：「それからどうしたの」など相手の話をうながす

一方、**能動的な聞き方**は、相手の気持ちを自分も感じながら、相手の話の事柄や相手の気持ちを確認するように口にしながら

聞くという聞き方です。これは、**きりかえ**のときにも出てきましたね。

ユウが、図解8のような**受動的な聞き方**と**能動的な聞き方**、つまり**援助的な聞き方**をすれば、マドカもヨウコも不機嫌になったり落ち込んだりしなかったのです。

ユウが「聞く」ことによって、ヨウコは、面談によって沈み込んでしまった自分の思いを吐き出してすっきりし、次に自分はどうしたらいいのかな、と考えを進めることができます。相手を助けたいなら、なぐさめたり、アドバイスをするより、ずっと効果的です。

ことばを返すときは12の対応にならないように

能動的な聞き方でことばを返すときは、「相手の話のくりかえし」、「話をまとめて言いかえたもの」、「相手の気持ち」のどれでもかまいません。相手が気持ちをことばにして表現しなくても、相手がどんな気持ちなのか、一緒に感じてわかったらそれを言います。相手の気持ちを感じるためには「ことばによらないコミュニケーション」の要素も大切です。相手のことばだけでなく、声の調子、表情、しぐさにも注目します。

また、返すことばが12の対応にならないように注意します。自分の考えや気持ちを押しつけてはいけません。そのためには、自分の考えはちょっと横においておきましょう。相手の「心を映す鏡」になるつもりで、相手と向き合うのです。

話すことは ストレスの発散です

相手の気持ちを精一杯感じながら、話を言いかえたり、気持ちをくんだことばを言ったりすると、相手は自分の話が正しく伝わっているとわかります。さらに、自分の気持ちを否定せず受け止めてくれていることも感じます。だからこそ、相手は安心して自分の悩みを語ることができます。

　悩んでいるとき、ひとりで悶々《もんもん》としているより、誰かに話した方がすっきりして、よい解決策が浮かんだという経験を多くの人がもっています。あなたも悩みは誰かに話したいと思うことが多いはずです。誰も話す人がいない場合には、ペットやぬいぐるみにグチを言ったりしませんか。それは、話すことによって、ストレスが発散できるし、心のモヤモヤが整理できるからです。

　そこではじめて、どうしたらいいか考えようという気力もわくし、思考力も働きはじめます。

相手の心を映す鏡になって聞く

相手の心を映す鏡になるには

「きく」という行動をあらわす漢字は「聞く」以外に、「聴く」「訊く」があり、それぞれ意味が異なります。

「聞く」は一般的によく使われます。「聴く」は「聞く」より限定されて使われます。身を入れてきくという意味をもちます。英語の勉強に「リスニング」がありますが、そのきき方が「聴く」です。「訊く」は何かをたずねる場合に使われます。

援助的な聞き方をするためには、ただなんとなく「聞く」のではなく「聴く」姿勢が必要です。一生懸命「聴く」のです。これは、ちょっと大変な作業です。英語のリスニングの課題もとても疲れますね。「聴く」のは楽なことではありません。

能動的な聞き方で「聴く」ときには、相手の「心を映す鏡」になるつもりで聞きます。「心を映す鏡」が曇っていたり、ゆがんだりしていたらいい援助はできません。「聴く」努力をしても相手には喜んでもらえないでしょう。

自分の考えや価値観をもち出さない

では、どんなとき鏡が曇ったり、ゆがんだりしてしまうのでしょうか。

相手がどんなに悩んでいても「必ず自分

で問題の解決策を導き出すことができる」ということを信じて支えるのが、**援助的な聞き方**です。でも、相手のことを心配に思うあまり、相手の代わりに解決策を考えてあげたくなることがあります。このとき心のなかには「〜したらいい」という自分の考えがどっしりと場所をとってしまい、心の鏡は曇っています。また、「こんな場合は〜すべきではない」というような自分の価値観で鏡がゆがむ場合もあります。

「相手はとても悩んでいるが、自分の悩みは自分で解決できる人だから、自分は代わりに考える必要なんてないんだ。でも解決するまでそばにいて、聞くことで心の整理ができるように助けよう」と思えたとき、鏡は相手を正確に映し出すことができます。

援助的な聞き方を使ってみたら
この頃 お母さんが うざいんだよねー
ふ～ん どうして？
急にエイズとか 妊娠とか 言い出して この前なんて 小学生が 援助交際した 事件の話を 長々とするしー
彼氏ができたら エッチするって 思ってんのかなぁ
あたしたち そんな関係じゃ ないのにさー
＊1 信じてもらって ないみたいで 悲しいんだ
そうだよ… この頃の テレビとか見ると 心配になるんだろうって わかるんだけどね…
＊2 うん…

援助的な聞き方を使ってみたら

悩んでいる相手を援助したいときは、とにかく「聞く」こと。受動的な聞き方と、能動的な聞き方で、相手の思いを受け止めます。

マドカがボーイフレンドとの悩みをユウにこぼしたときには、アドバイスをしたことで、かえってマドカの気を悪くしてしまいました。今度は「援助的な聞き方」を活用して、マドカを支えることができそうです。

＊1　能動的な聞き方

お母さんに彼との関係を疑われて傷ついているマドカの気持ちを察したユウは、それをことばにして伝えました。

＊2　受動的な聞き方

「あいづち」

とても落ち込んでいたマドカでしたが、ユウがその気持ちを受け止めて聞いたことによって、徐々に気持ちが落ち着いてきましたね。すると、お母さんに対して不満に思っていただけのマドカの心に、自分の行動を反省する思いがわいてきました。

＊3　能動的な聞き方

この場合は「自分にも悪いところがあったって気づいたんだね」という言い方でも効果的です。

マドカは、ユウに話を聞いてもらうことによって、自分でよい解決策を見つけることができました。人は、よい解決策があると気づくと意欲がわいてくるものです。マドカの心も晴れやかになったようですね。

悩んでいる友だちへの効果的な援助は、相手の気持ちを十分理解して、その気持ちを受け止めて聞くことです。

つらくて、悲しいとき、その気持ちをわかってくれる人がいるというだけで、支えられていることを感じることができ、心の痛みも軽くなるのではないでしょうか。

自分がつらいときに支えてくれた人は本当に大事な友だちだと思えるものです。その人が困っているときには、なんとか助けたいという思いもわきます。こうしたお互いの気持ちが、信頼関係を深めていくのですね。

メールでは伝わらないこともあります

あなたはメールをよく利用しますか？　なかったら困る！　という人も多いのでは。でも、メールが友だちづきあいを深める妨《さまた》げになることがあるのです。直接会って伝えなければわからないこともあるからです。

コミュニケーションにはことばだけではなく、声の調子、表情、しぐさなどの要素があります。

たとえば、先生に厳しく叱られた友だちに、あなたが「だいじょうぶ？」と声をかけたとき、その友だちが「ぜんぜん平気、平気」と目に涙をためながら言ったらあなたはどう思いますか？

「叱られても平気だったんだ」とは思わず、「つらいんだな」と友だちの気持ちを察することができますね。声の調子、表情、しぐさなどの「ことばによらないコミュニケーション」はことばよりも感情を正しくあらわすのです。

言いにくいことを伝えるとき、相手の反応が怖くてメールにしたくなります。でも、それではあなたの思いが十分に伝わらないかもしれません。直接会えば「ことばによらないコミュニケーション」が加わって、あなたの本当の気持ちがよく伝わるはずです。

あなたのメッセージに対して相手が反発を覚えたとき、直接会っていないと、それがわかりません。相手を傷つけたことに気がつかず、関係が悪くなる場合があります。

イヤだと思ってもそれを口に出さない人も多いものです。会っていれば、相手の「ことばによらないコミュニケーション」から相手の反発に気づくことができるので、話すから聞くへの**きりかえ**をすることができます。直接会って伝えることで、人間関係が壊れることを防ぐことができるのです。

ヨウスケ 「だよなぁ、オレさぼりすぎってこと？（笑）」

ツヨシ 「だな（笑）」

ツヨシの感想

いつも元気なヨウスケが落ち込んでいるので、なんとか手助けがしたいと思いました。ヨウスケとは、英語の担当の先生が違うので、テストの内容も違います。でも難しくてヘコんでいる気持ちはよくわかったので、その気持ちを感じながら聞こうと思いました。話しているうちに、ヨウスケが元気になっていくのがわかり、うれしかったです。

やってみました! 実践例

テストができなかった友だちをなぐさめたい

ツヨシ（高1）とヨウスケは、中学時代からのなかよしです。今日は定期テスト中で、お互いのクラブ活動がなかったので、一緒に帰途につきました。ヨウスケは、英語のテストができなかったらしく、元気がありません。

ヨウスケ 「今日の英語、全然できなかったよ」

ツヨシ 「難しかったんだ……」

ヨウスケ 「けっこうね。マジまいった」

ツヨシ 「そうか……」

ヨウスケ 「中学の復習だって言われたから、だいじょうぶだと思ってたんだけどねー」

ツヨシ 「楽勝って思ってたんだー」

ヨウスケ 「うん、だから昨日勉強しなかったんだよ。数学の方が心配だったしさ」

ツヨシ 「そうか。数学やってたんだ」

ヨウスケ 「うん。でも英語もやんなきゃまずいよな。英語好きじゃないけど、このままじゃ、オレ赤点になっちゃうもんな」

ツヨシ 「赤点はなー」

ヨウスケ 「なー、やばいよ。お前、単語とかどうやって覚えてる？」

ツヨシ 「やっぱひたすら覚えるしかないでしょ」

Q&A

アドバイスはしなくていいの？

Q　悩んでいる友だちの相談にのるときには、何かアドバイスをしないと、いい友だちだと思ってもらえないんじゃないですか？

A　わたしが出会うティーンエイジャーたちも、悩んでいる友だちに対してはアドバイスしたり励ましたりすることが大切だと思っている人が多いのです。自分が困ったとき、適切なアドバイスをもらってすごくうれしかった経験があると、なおさらそう思うようです。

　たしかにアドバイスはありがたいものです。でも、いつもありがたいとは限りませんよね。アドバイスされて「自分のことわかってくれてないなぁ」と思ったり「もういいよ！」なんて思ったりすることもあるのではないですか。悩みで「頭の中が真っ白」のときは、アドバイスよりその悩みを聞いてもらった方がうれしいものです。話してすっきりして、「さあ、これからどうしようかな」と思えたとき、一緒に解決策を考えてくれる友だちがいたらいいと思いませんか？　わたしはたくさんの中高生たちの相談にのった体験から、たとえ子どもであってもよい解決策を考えることができる、そして悩んでいる本人が考えた解決策が最適な策なのだ、と信じています。それは、多くの人が、自分が考えた解決策の場合はとても意欲的に取り組み、よい結果につなげることができたからです。

　だからあなたも、まず友だちの話をしっかり聞きましょう。友だちがすっきりした様子になって、「どうしたらいいと思う？」と聞いてきたら、一緒によい解決策を考えましょう。

考えてみよう

「人はひとりでは生きられない」

人はひとりでは生きられません。どんなに自立した人でも、誰かとなんらかの関わりをもって生きています。10代のあなたにとって、友だちとの関わりは、とても重要なことです。

とは言っても、必ずしも友だちづきあいをしなければならないのではありません。誰ともつきあわないでいいと思うなら、それでいいのです。きっと、つきあいたくないわけがあるのだと思います。でも、できるだけ早く「つきあいたくないわけ」を解決して、「自分を大切にして自分らしく」いられるような関係を、まわりの人たちとの間に築いていけたらいいですね。

自分を大切にするということは、利己的な行動をとるということとは違います。自分らしさとは何なのかということを知り、それに自信をもち、それを守るように行動することです。これは、自分が幸せに生きるために大切なことですが、友だちといい関係を築くためにも必要なのです。

悩みを抱えたりして、いま自分は〝いい感じ〟だなと思えないときは、たとえ親友が困っていても助けることができません。助けるだけの力を発揮できなかったり、心がこもらなかったりしてしまいます。

相手を大切に思い、適切な援助をするためにも、まず自分を大切にすることが大事なのです。

友だちといい関係でいるためには、「お互いさま」の精神も忘れないでくださいね。あなたが友だちに対して援助できれば、あなたが困ったときには、きっと助けてくれるはずです。お互いに助け合える関係が築けます。

自分を大切にし、そして相手も大切にすることを忘れずに行動してみませんか。人はひとりでは生きられないのですから。

COLUMN

環境を変えて人間関係をよくする

環境を見直す方法もある

本書では、友だちとの間に何かの問題が起きたときには、その人に働きかけたり、自分が考えたりする方法を使うと効果的だと説明してきました。じつは、これまで紹介したようなコミュニケーションによる人への働きかけ以外の方法で、人間関係をよくする道もあります。それが、環境改善です。

ソウタは卒業アルバム委員会の一員です。彼の担当は、インタビューのテープを聞いて文章にまとめる係です。集中してテープを聞かなければならないので、同じ部屋で作業をしている写真係のメンバーたちの話し声がとても気になり困っています。この場合、ソウタは、写真係の仲間に対して対決のわたしメッセージを伝えることができます。しかし、仲間と話し合うより、ヘッドフォーンを使ってテープを聞いた方が簡単に解決します。

このように、ケースによっては、対決のわたしメッセージや勝負なし法を使うより、環境を見直した方がスムーズに問題が解決します。また、問題の予防にも効果的です。

ただし、環境改善のアイデアを考えるために、**勝負なし法**で話し合うことが必要な場合もあります。独断で環境を変えたことによって、かえって問題が起きてしまうということもあるからです。必要な場合には話し合いの時間をもちます。

8つの発想法

環境改善のアイデアを見つけるために、次の8つの発想法を使います。

1. 豊かにする：環境に何かをつけ加える

問題「最近自分のロッカーを誰かに勝手に開けられた。気分が悪い」→**改善**「ロッカーにカギをつけた」

2. 広げる：環境を広げる

問題「部員が増えた」→**改善**「先生に頼んで広い部室に替えてもらった」

3．削る：環境から何かを取り除く

問題「学校の勉強、塾、部活、習い事で1週間のスケジュールがいっぱい。のんびりする時間がないので疲れる」→**改善**「時間をつくるために、習い事はやめた」

4．制限する：環境を限定しコントロールする

問題「入試の日が近いので勉強に集中したいが、友だちからメールが入るので気が散る」→**改善**「集中するために夜、勉強する時間帯は携帯電話の電源を切った」

5．簡素化：複雑さを減らす

問題「洋服が増えたために、友だちと遊びに行ったりするとき何を着るか迷って遅刻し、イヤがられることが多い」→**改善**「とても気に入っている服、まあまあの服、いらない服の3つに分け、いらない服を処分した」

6．配置換え：物、活動計画などを並べ替える

問題「バスケット部とバレー部は同じ部室を使っている。バレー部の部員は、バスケット部の部員が部屋を片付けないと不満が大きい」→**改善**「部屋の中央を備品で仕切って分けて使うようにした」

7．システム化：関連した物、活動が有効に作用するよう、組織し、秩序立てる

問題「学校からの配布物を親に渡し忘れて親によく叱られる」→**改善**「親に手渡そうとするため、渡しそこなうとわかったので、帰宅したら、配布物を冷蔵庫に貼っておき、親に見てもらうことにした」

8．予定を立てる：将来の出来事に備え、準備する、計画する

問題「将来は福祉関係の仕事につきたいのだが、どうすればいいのかわからない」→**改善**「どんな職業があるのか、どんな資格が必要なのか、資格を得るためには何の勉強が必要なのかを調べ、勉強計画を立てた」

あとがき

今から十数年前、わたしは子育てに悪戦苦闘する日々を送っていました。音楽の世界で働いていたときの経験を活かして近所の子どもたちにピアノを指導する以外は、主婦として、母として精一杯暮らしていました。努力しているにもかかわらず、やんちゃな長男と甘えん坊の長女の子育てはなかなかうまくいきません。仕事に追われる夫に、援助してほしいと伝えることもできず、深く悩んでいました。

そんなわたしを見かねた友人に誘われて参加したのが、「親業訓練講座」でした。

講座での体験はまさに「目から鱗《うろこ》が落ちる」ものでした。はじめて知った「能動的な聞き方」や「わたしメッセージ」を、無我夢中で子どもたちとの生活に取り入れるうちに、家庭の雰囲気が変化していきました。徐々に、わたしは悩みの種だった子育てを心から楽しいと思えるようになりました。同時にピアノの教え子たちとのコミュニケーションもとてもスムーズになり、より充実したレッスンができるようになりました。その感動を伝えたくて、親業訓練インストラクターの資格をとり、講座や講演の活動をはじめました。

「はじめに」でご紹介した「自己実現のための人間関係講座」は、わたしがはじめに出会った「親業訓練講座」のいわば姉妹編とも言えるものです。「親業」の創始者トマス・ゴードン博士の夫人であるリンダ・アダムス氏が開発しました。

「親業訓練講座」に感動したわたしは、引き続き「自己実現のための人間関係講座」を受講しました。しかし、リンダが著書の中で主張している「自分の人生の主役は自分である」という、当たり前といえば当たり前の考えに納得することができず戸惑いました。頭では当然のことと理解しても、心がついていけなかったのです。

ところが、仲間と共に学び、自分の生き方を見つめるうちに、いかに自分が人任せの道を歩んできたのかということを思い知り、「自分らしく生きていきたい」という思いがわき上がってきました。そして、ギクシャクしつつも努力する日々がはじまりました。

今、わたしは相変わらず失敗しながらではありますが、わたしらしく、楽しく生きています。多くの人に支えていただき、できることを精一杯やって、共に感謝しながら生きることの幸せを感じています。

このような経験から、まわりの人といい関係を築き、自分らしく生きていくための方法があることを多くの人に伝えたいという思いを強くもつようになりました。それが、本書を著そうと思ったきっかけのひとつです。

この本のもうひとつのきっかけは、Mさんという少女との出会いです。Mさんは高校1年生のとき、友だちとの関係づくりにつまずき、学校にも行きにくい状態になっていました。お母さんを通じて「自己実現のための人間関係講座」を知った彼女は、わたしの元を訪れ、この講座を受講しました。以来、彼女は講座で学んだコミュニケーションの方法を用いて、次々と友だちとのトラブルを解決していき、今は社会人として生き生きと暮らしています。

その彼女の姿を見て、中高生の時代に人間関係について学ぶ機会をもつことの必要性を痛感しました。Mさんは、できるだけたくさんの子どもたちに、自分らしく生きるための方法があることを知って欲しいと、わたしに言い続けてくれました。そんなMさんの情熱に後押しされてこの本は生まれたといえるでしょう。

＊中高生のあなたへ

Mさんとここに登場した中高生たちの熱い思いが詰まったこの本が、あなたが元気でいるためのサポートになったらうれしいです。ヘコむ日があってもいいじゃないですか。努力していれば、きっと大丈夫ですよ。楽しい日がやってきます。自分らしさを大切にして、元気に生きているあなたに会いたいです。

＊本書を手にとってくださった大人の皆様へ

子どもたちの笑顔が輝いていない社会に未来はないとつねづね思っています。その輝きを守りたいものです。しかし力と力のぶつかり合いによる悲劇があとを絶たないのが現実です。

今、子どもたちの笑顔を守るには、相当の努力が必要なのでしょう。その努力のひとつに大人がモデルを示すということがあげられます。
「あなたも大切、わたしも大切、お互いの関係も大切」。そんな気持ちで生きていけば、対立はあっても、戦いは起きません。大人たちが、戦う姿ではなく、共生・協働する姿をたくさん見せることが、子どもたちの健やかな育ちのために必要なのではないでしょうか。そしてそのためには、コミュニケーションによっていい関係が築けることを、身をもって示すことが大事なのだと思います。まず、大人であるわたしたちが、まわりの人々といい関係を築いて、自分らしく輝いて生きていきましょう。そして、子どもたちにその姿を見せましょう。そのために本書が役立てば幸いです。

本書を執筆するにあたって多くの方々にお世話になりました。親業訓練協会の近藤千恵理事長には、本書の企画の段階から数々のアドバイスをいただきました。漫画家のかなしろにゃんこさんには、登場する中高生たちに生き生きとした表情を与えていただきました。また、講談社の佐々木啓予さん、編集者の松永美佐寿さんのご尽力がなければ、本書は誕生しなかったでしょう。心から感謝しています。子どもたちとふれあう活動を共にしているエクトの仲間たち、たくさんの実例を教えて下さった中高生のみなさん、本当にありがとう。わたしを支えてくださった方々に心から御礼申し上げます。

参考文献

○「自己実現のための人間関係講座」関連の参考図書
近藤千恵著『人間関係を育てるものの言い方』一九九五　大和書房
リンダ・アダムス　エリナー・レンズ著／近藤千恵　田中きよみ訳『女性のための人間関係講座』一九八六　大和書房
トマス・ゴードン著／近藤千恵訳『親業』一九九八　大和書房

○その他の主な参考文献
遠藤辰雄　井上祥治　蘭千尋編『セルフ・エスティームの心理学』一九九二　ナカニシヤ出版
平木典子著『カウンセリングの話』一九八九　朝日選書
伊藤順康著『自己変革の心理学　論理療法入門』一九九〇　講談社
河合隼雄著『大人になることのむずかしさ』一九九六　岩波書店
工藤力著『しぐさと表情の心理分析』一九九九　福村出版
倉本英彦著『思春期のメンタルヘルス』二〇〇三　北大路書房
国分康孝著『心を伝える技術』二〇〇一　ＰＨＰ文庫

松本啓子著「人間関係を育てるコミュニケーショントレーニング―不登校生への実践からの考察―」二〇〇一　第2回日本教育カウンセラー協会全国大会発表論文集
南博著『日本人論―明治から今日まで―』一九九四　岩波書店
水原泰介　辻村明著『コミュニケーションの社会心理学』一九八四　東京大学出版会
中西信男著『人間形成の心理学』一九八九　ナカニシヤ出版
塩見邦雄著『社会性の心理学』二〇〇〇　ナカニシヤ出版

「自己実現のための人間関係講座」および「親業訓練講座」のお問い合わせ先

親業訓練協会　住所　〒一五〇－〇〇二一　東京都渋谷区恵比寿西二－三－一四－８Ｆ
電話　〇三－六四五五－〇三二一　ＦＡＸ　〇三－六四五五－〇三二三
URL：http://www.oyagyo.or.jp

｜著者｜松本啓子　まつもと・けいこ
東京都に生まれる。日本大学大学院博士前期課程修了。認定心理士。1994年親業訓練インストラクターの資格を取得。現在は、親業訓練シニアインストラクターとして活動中。また、上級教育カウンセラー、シニア産業カウンセラー、キャリア・コンサルタントとしても活動している。

｜マンガ｜かなしろにゃんこ。
千葉県に生まれる。漫画家。1996年「なかよし」でデビュー。著書に『漫画家ママの　うちの子はADHD』『発達障害　うちの子、将来どーなるのっ⁉』『うちの子はADHD　反抗期で超たいへん！』（いずれも講談社）がある。

大人《おとな》も知《し》らない「本当《ほんとう》の友《とも》だち」のつくり方《かた》　こころライブラリー ジュニア

2005年7月15日　第1刷発行
2018年8月24日　第12刷発行

著　者　松本啓子《まつもとけいこ》
　　　　かなしろにゃんこ。
発行者　渡瀬昌彦
発行所　株式会社講談社
　　　　東京都文京区音羽二丁目12－21　郵便番号112－8001
　　　　電話　出版　03－5395－3560
　　　　　　　販売　03－5395－4415
　　　　　　　業務　03－5395－3615
本文データ制作　講談社デジタル製作
印刷所　豊国印刷株式会社
　　　　慶昌堂印刷株式会社
製本所　株式会社国宝社

ISBN4-06-259474-9

N. D. C. 140　183p　20cm

[講談社　健康ライブラリー　イラスト版]

自律神経を鍛えればあなたも必ずやせられる

監修　森谷敏夫
京都大学大学院人間・環境学研究科教授

太る原因は自律神経のバランスが崩れているため。そのメカニズムを生理学的に解明し、「好きなものを食べても」やせられる方法を説く。10の方法で自律神経を鍛えて体に活を入れ、健康的にやせよう！

1200円

慢性頭痛とつきあう法

監修　寺本　純
寺本神経内科クリニック院長

頭痛を市販薬でしのいでいる人の中には、頭痛タイプを正しく理解していないため、逆療法をしていることも。頭痛の7つのタイプを、前触れの有無、痛み方、持続時間から見分ける。市販薬についてもアドバイス。

1200円

知らないではすまされない危ない眼の病気

監修　戸張幾生
東邦大学医学部名誉教授

中高年の眼には危険がいっぱい。患者数二〇〇万人の緑内障ほか、治療が手遅れになると失明の可能性が高い病気は多い。本書では、眼の発する異常サイン、知っておかなければならない眼の病気とケア法を詳説。

1200円

便秘を治す45の方法

監修　山口時子
マリーゴールドクリニック院長

タイプによって異なる便秘の原因。自分のタイプを間違えると、せっかく行っている方法が逆効果になることもあるし、病気を招くこともある。悩ましい便秘を解消するとっておきのアイデアをイラストで解説。

1200円

「うつ」に陥っているあなたへ

監修　野村総一郎
防衛医科大学校精神科教授

「やる気がない」「眠れない」「ささいなことにイライラする」などには要注意！　知らないうちに「うつ病」にかかっている可能性がある。まわりの人間の対応から、適切な治療法までをイラストで詳しく解説。

1200円

【講談社　健康ライブラリー　イラスト版】

これでだいじょうぶ！　小児ぜんそく

監修　向山徳子
同愛記念病院小児科部長

ぜんそくは乳児期に始まることが大半。一番大事なのは早い時期からきちんと治療すること。発症の原因、メカニズムから、治療法と対処法までをイラストでわかりやすく解説。これで発作は防げる、止められる。

1200円

健脳食
脳の働きを活発にする食事法

監修　植木　彰
自治医科大学大宮医療センター神経内科教授

「魚を食べると頭がよくなる」は本当だった!!　医学的に実証されたデータをもとに、脳によい食べ物から基本献立メニューまでを徹底紹介。これがボケないための、頭の回転を速くするための食事のコツと実践術だ。

1200円

足から元気をつくる本

監修　安野富美子
財務省東京病院東洋医学センター

全身に活力を与える足のツボがひと目でわかる！　高血圧、冷え、肩こり、胃弱……こんな悩みも足への刺激ですべて解消。効果的なツボの位置をイラストで紹介。簡単にできる快適足ツボ刺激＆マッサージ法。

1200円

カレーダイエット

監修　森谷敏夫
京都大学大学院教授

カレーに含まれるスパイスには、自律神経を刺激して脂肪をどんどん燃やす力がある。科学的に証明されたカレーのものすごいパワー。おいしく食べて、グングンやせよう！　一五のおすすめカレーのレシピ付き。

1200円

子宮、卵巣の病気と治し方

監修　安達知子
産婦人科医・医学博士

年々増えている婦人科の病気。こんな症状には要注意。本書では、子宮筋腫、子宮内膜症を中心に、あらゆる病気を徹底チェック。それぞれの病気の発生から、治療法の選び方、術後の不安など心の領域までを詳述。

1200円

定価は税別です。定価は変更することがあります。

kokoro library

人生がうまくいく「よい習慣」　斎藤茂太

よい習慣が人生を愉しく豊かにしてくれる。人生を積極的に愉しみ、活動的である人は、それぞれよい習慣を身につけている。ちょっとした習慣の身につけ方。

1500円

社内うつ　職場ストレスのコントロール術　小杉正太郎

社内うつとは、自信喪失・軽い絶望感などの自己否定感情と、集中・決断など業務遂行能力の低下をいう。その原因を見つけて、人間関係などの改善策を示す。

1500円

「心の居場所」の見つけ方　面接室で精神療法家がおこなうこと　妙木浩之

心がその居場所をなくすと、人は生きるのに迷う。ひとりでいても誰かといても平穏な気持ちでいられる、そんな心のあり方を精神療法の面接室を舞台に探す。

1500円

孤独力　人間を成熟させる「ひとりの時間」　津田和壽澄

ひとには孤独や不安に向き合う時間が必要だ。孤独になる能力があってはじめて、独自の考え方や価値観を創出できる。ソリテュード・タイムの楽しみと効用。

1500円

人生の価値　それとも無価値　ひろさちや

人間の価値を測ることは、人間を商品化することだ。「しょせん人生は無意味」という思想に始まる人生論こそ、人生に自信をつける。欲を捨てれば楽になる。

1500円

定価は税別です。定価は変更することがあります。

kokoro library

心療内科医のメルヘン・セラピー　中川　晶

不安感や憂うつ感が消える心理童話11篇。恐怖心を取り除き、凝り固まった心を解き放つメルヘン・セラピー。新しい心理療法ナラティブ・セラピーの可能性。

1500円

「したくない症候群」の男たち

濃密な母性が「生きる気力」を壊す

梶原千遠

男になりたくない。一人になりたくない。男たちの生きる気力を失わせたのは何か？　父親不在と母子密着という、現代社会特有の家族形態が生んだ精神病理。

1500円

こころの自然治癒力

自分を回復させる力の高め方

大野　裕

私たちのこころには、傷ついても自ら回復させる「自然治癒力」が備わっている。つらい気持ちのときでも自分を信じ、元気を取り戻す「コツ」を身につける。

1500円

中年の達人

あるがままの自分を受け入れるために

高橋祥友

人生第二の山といわれる中年期には誰にもこころの危機が訪れやすい。自分でこころのバランスをどう取り来たる人生に備えるか、具体的実践法をアドバイス。

1500円

〈新装版〉トラウマ

「心の後遺症」を治す

ディビッド・マス
大野裕＝監訳
村山寿美子＝訳

震災、交通事故、レイプ、幼児虐待などで、心に深い傷を負った人たちが悩まされる不安、不眠、悪夢……。トラウマ体験で悩んでいる人に、その克服法を示す。

1500円

定価は税別です。定価は変更することがあります。